相振為、三立電視——著

消失的國界

戰火下的烏克蘭

時報出版

前言

二〇二二年二月二十四日，俄羅斯揮軍入侵烏克蘭。開戰前一刻的場景，我至今仍記憶猶新。當時我正準備搭電梯，手機軟體「Liveupmap(Live Universal Awareness Map)」突然跳出推播快訊，俄羅斯發布飛航公告（NOTAM）禁止民航機飛越烏東、烏克蘭關閉領空。我心裡猛然地震了一下，因爲跑過幾年軍事外交新聞的經驗告訴我，關閉領空代表「要開戰了」。

其實早在戰爭爆發前，我就已經觀察烏克蘭兩年了。因爲任職於三立電視旗艦節目《消失的國界》，烏克蘭兩度躍上我的採訪清單：第一次是二〇二一年，俄羅斯在烏俄邊境軍事演習，有消息要入侵烏克蘭，我覺得有前往採訪的必要，但因爲全球疫情不穩而喊卡；第二次就是在開戰前夕，俄羅斯在烏俄邊境演習後留下大量武器裝備，被國際解讀爲「潛在的火藥庫」，我透過人脈聯繫到幾位 Fixers（協助外國記者採訪的當地線民），打算拜訪基輔（Kyiv）、俄羅斯最有可能入侵的邊境城市哈爾基夫（Kharkiv）與馬立波（Mariupol），也安排前進烏東「前線（Frontline）」，試圖貼近分離份子掌控的頓內次克（Donetsk）與盧甘斯克（Luhansk）。就在規劃好稿單、向烏克蘭國防部申請採訪許可時，戰爭就爆發了。

說眞的，與大多數烏克蘭人一樣，我沒有預期俄羅斯總統普丁（Putin）眞的會下令入侵，而且事態發展只能用「急轉直下」來形容。回想二月初，我聯繫的 Fixer 對俄羅斯入侵的新聞非常樂觀且一派輕鬆，或許是受不了我不斷詢問安全性，他語重心長地告訴我「俄羅斯全面入侵的謠言被誇大了」、「現在的情勢，並不如美國媒體描述的那樣」。另外一位朋友事後跟我坦言，他以為俄羅斯只是在「秀肌肉」、做做樣子而已。殊不知開戰前幾天，Fixer 突然改口說我們的合作無法繼續進行，因為事態惡化，「每小時都在變」。

開戰初期，烏克蘭政府體系停擺，無法核發簽證，因此我們決定先飛去鄰國波蘭，從這個「烏克蘭的大後方」觀察並報導烏俄戰爭。回到台灣之後，我認為「新聞在哪裡，記者就要在哪裡」，加上三立電視長官全力支持，我們找到關鍵幕後角色，順利打通管道，取得最難通過的「烏克蘭國防部採訪許可」跟「記者簽證」。六月中旬，我們終於踏上烏克蘭領土，有別於外國媒體報導，我們從台灣人的視角、帶回台灣觀眾需要的觀察與觀點。

外界經常形容「今日烏克蘭，明日台灣」，這句話我認為對錯各一半，因為我們兩國的處境不完全相同，但烏克蘭的經驗，的確有值得我們借鏡之處。儘管在烏克蘭的停留時間有限，行程也受到地域跟情勢影響，但我們盡可能深入當地、了解最深層的想法。加上我們返台後沒多久，就遇上九六台海危機以來，中國對台最大規模軍事演習，這種「既視感」讓我更覺得有必要，把當地政府、民間學習到的經驗，跟觀眾與讀者分享，目的就是讓台灣不要成為「下一個烏克蘭」，也期盼讀者能夠得到一點收穫跟啓發。

前進烏克蘭

初次進入烏克蘭

二〇二二年六月二十號，我跟攝影劉伯奇大哥，各自提著兩箱行李跟攝影器材，抵達波蘭華沙的客運總站。由於戰爭爆發後，烏克蘭關閉空域、無法搭飛機入境，加上海運遭俄羅斯封鎖，陸路成爲進入烏克蘭唯一選項。我們先飛到杜拜，轉機前往波蘭首都華沙，再從波蘭進入烏克蘭。而陸路有兩個選擇：

一，火車：速度最快、空間最大，而且烏克蘭擁有全球第十三大的鐵路系統。長途旅行可以選擇雙人臥鋪或四人通鋪，據說雙人臥鋪的枕頭套用的是全烏克蘭最好的棉料，好到會被乘客「偷回家」（我後來在敖德薩的跳蚤市場證實這個傳說，小販眞的會把枕頭套撕成條狀包裝禮品）。只是火車的價格略高，而且烏克蘭火車鐵軌的「軌距」與其他歐洲國家不同，烏克蘭採用一五二〇毫米寬軌鐵軌，比歐洲標準一四三五毫米略大，這不僅讓西方國家在援助軍品物資時出現麻煩，對我們這種行李多的

採訪團隊與波蘭台灣人 Nick 於華沙客運總站合影。背後黃色這輛就是我們搭乘的國際客運，已經有不少民眾排隊上車，並把行李放置於加掛的行李艙上。

旅客來說更顯不便，因爲無論如何都得在邊境換車，更重要的是，當時烏克蘭民眾大量返鄉，車票非常難買。

二，客運：歐洲往返烏克蘭的國際客運種類多、班次多、價格也相對便宜，不論我們從華沙往敖德薩，還是從基輔回到華沙，一人票價都只要一千五百元台幣（含行李運費），只要挑對路線就可以一班車抵達目的地，不用中途換車。不過缺點是速度慢、客艙非常壅擠，想像你搭乘四排座椅的客運二十四小時，無法好好伸展身軀的那種壓迫，大概就是那種感覺，比長途飛行還累。

基於不用一直換車的考量，我們最後選擇搭乘客運入境。我印象深刻，華沙客運總站與其他華麗的景點不同，顯得陰暗老舊，車站室內的天花板上，還有成群的鴿子築巢集結，時不時得小心「黃金」墜落。儘管如此，國際線櫃台排了長長的人龍，都是要返鄉的烏克蘭民眾，像我們這班車可以承載六十人，座位幾乎

國際客運的內部。座位空間狹小，無法把腿伸直，卻必須擠在這空間裡24小時。

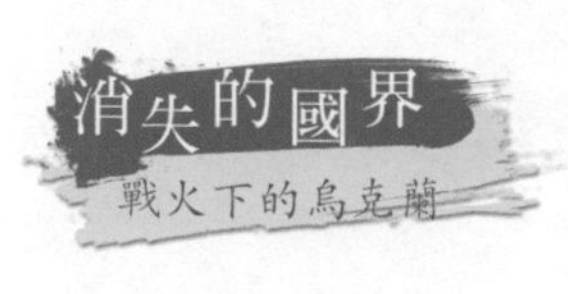

售罄，車輛後方加掛一個行李艙也被塞爆。顯見俄羅斯入侵後四個月，戰火還沒平息，但已經嚇阻不了民眾返回家鄉的急切心情。

跨越波烏邊境

這趟採訪行程，主要停留在烏克蘭南部大城敖德薩（Odessa）跟首都基輔（Kyiv），並以敖德薩爲主要採訪據點。二十號晚間七點，客運從華沙發車，先經波蘭東部大城盧布林（Lublin）後、南下重要交通節點熱舒夫（Rzeszow），隨後向東跨越波蘭、烏克蘭邊境關口科爾佐瓦（Korzcowa）。搭車穿越邊境時，必須通過兩次護照查驗，乘客不用下車，波蘭跟烏克蘭的移民官會分別上車收取護照，但最大的差異是，烏克蘭的移民官是一名荷槍實彈的女性軍人，彷彿告訴我們「從現在開始進入戰區」，儘管是深夜，我的「工作魂」也立刻點燃。

由於我們是全車「唯二」持有外國護照的旅客，在厚厚一疊烏克蘭藍色護照中，這兩本綠色護照顯得特別醒目。或許是因爲持有記者簽證，我們身份沒有被進一步查驗，甚至離開烏克蘭時，烏克蘭移民官聽到我們是台灣的記者，還頻頻點頭說「Taiwan is good（台灣好）」。不過要取得入境烏克蘭的證件，其實比採訪約訪更爲複雜。

文件準備

烏克蘭畢竟處於戰爭狀態，出發前我們必須先申請並備妥所有文件才能入境。以下是我們隨身必備文件，又可稱爲「保命符」：

一，國際記者證：外國人士多半不認識台灣電視台的工作證，我們就必須先取得國際認可的「國際記者證」。這是一份由國際記者聯盟（International Federation of Journalists, IFJ）核發的證件。在台灣，我們向台灣記者協會申請入會，找到擔保人（證明你是新聞工作者）並且繳交規費，即可取得。

二，烏克蘭國防部採訪許可：戰爭期間，「軍權」高於「行政權」。以敖德薩爲例，雖然敖德薩有州長跟市長，但政府體系運作是以南部最高軍事指揮體系「南部軍事管理局（Ukraine's Operation Command "South"）」爲準，因此必須取得烏克蘭國防部的採訪許可跟記者證（Press Card），我們才能合法在各地移動、採訪拍攝，也可以省去臨檢時不必要的麻煩。而申請這份許可，必須繳交國際記者證、公司派任令（公司高階主管發出的正式公文，證實派遣記者赴烏克蘭採訪）、公司簡介，以及記者護照的每一頁彩色掃描，只要有曾經入境俄羅斯，尤其是克里米亞的紀錄，有非常高的機率會被駁回。我們最終花了三個星期取得這份許可，才能繼續辦理簽證手續。值得一提的是，許可證上的國家名稱寫「Republic of

China(Taiwan)」。

即便在戰爭前，如果想去烏克蘭東部或前線（frontline）採訪，這份許可也很難取得。筆者曾經兩度申請都石沉大海。

三，採訪簽證：戰前台灣人要入境烏克蘭，必須透過第三地辦理觀光簽證，但俄羅斯入侵後所有觀光簽都暫停核發。而此時入境，我們當然要持有更正式的採訪簽證。我們在烏克蘭駐華沙大使館簽證處，繳交國際記者證、國防部採訪許可、個人資產證明和規費，申請當日就取得簽證，算是最順利的一個部分。不免再提一次，我曾聽說戰前有人去烏克蘭，簽證上的國家名稱被填上「中國」，但這次我的簽證上，寫的是「台灣（TWN）」。

四，戰區採訪許可：烏克蘭各地區的戰況不同，採訪規則也略有差異。例如敖德薩，由於她是緊鄰前線的「戰線城市」，保密嚴格，國際媒體抵達後，要先去管區的新聞中心報到，與新聞官見面、當下簽署保密切結書跟「行前教育」：告知軍區、港口、哨點、軍人不能拍攝等規則，我們簽名後才能開始新聞工作。當有些採訪地點可能涉及敏感或不確定性，隨行的新聞官還會向上報備、甚至出動掛階少校的長官來現場查驗，採訪限制比我們預期多很多。但是當我們移動到基輔跟周邊城市採訪時，卻完全沒有這些限制，這也看得出不同城市戰爭風險的高低差別。

我們抵達利沃夫的客運站，就位於利沃夫火車站外頭。

利沃夫 (Lviv)

經過十一個小時車程，大約早上六點，我們抵達第一個烏克蘭大城：位於西部的重鎮利沃

利沃夫是烏克蘭西部大城，我們客運至少有一半旅客在利沃夫下車。

夫。踏出車廂那瞬間，一陣冷冽的空氣襲來，天空還飄著小雨，很難想像六月中旬，當台灣已經飆高溫的時候，當地還會冷到發抖。儘管利沃夫離戰線熱區較遠，卻有種「國家正在戰爭的哀傷淒涼」感受。不過一轉頭，看到剛下車的旅客，衝上前去擁抱早在車站等候的家人們，分隔兩地四個多月的夫妻、兄弟姊妹、情侶，終於活著再相見，看了不免讓人鼻酸。即使現代科技發達，人與人的思念，還是唯有透過親密接觸、感受到溫度的那一刻，才能緩解，我也在心裡面默默跟他們說聲「辛苦了」。

短暫停留利沃夫後，我們繼續沿著主要道路，經過大城文尼察、在烏曼轉彎南下。中間發生一個小插曲，由於已經超過十二小時沒有進食，許多休息站商店又來不及提供餐點，司機大哥非常好心地選了一個路邊餐廳，示意我們倆下車買點熱狗堡來吃，當下真是感動到不

相隔四個月不見，任何言語都比不上熱烈而深刻的擁抱。

行。經過整整二十四個小時，我們終於抵達目的地：烏克蘭南部大城敖德薩。

敖德薩（Odessa）

或許是因爲鄰近黑海，加上舟車勞頓後終於抵達目的地，下車時一股暖風吹來，突然間覺得通體舒暢。鄰近客運總站旁的花園，看到小孩在噴水池中嬉鬧、當地居民坐在長椅上聊天，當下竟然有種「戰爭不存在」的錯亂感，直到公園餐廳的一桌顧客，突然亢奮地合唱起知名愛國歌曲，加上來接應我們的 Fixer 提醒我們「晚上十一點鐘宵禁」才把我拉回現實，趕緊買好晚餐回去民宿。

我們在烏克蘭停留期間，俄羅斯軍隊早已占領赫爾松（Kherson），烏俄兩軍在尼古拉耶夫州（Mykolaiv）激烈交戰，如果俄軍再往前挺進，就是敖德薩。因此前面提到的南部軍事管理局總部（如同我們國軍作戰區的概念），就設在敖德薩。烏軍好幾次成功反擊或突擊，例如擊沉俄羅斯黑海艦隊旗艦「莫斯科號」、收復戰略要地蛇島（Snake Island）、破壞俄軍彈藥庫，都是由南部軍事管理局指揮調度，但這也讓敖德薩成爲俄軍攻擊的箭靶，儘管俄軍至截稿前都沒有登陸敖德薩，但是用無止盡的飛彈與火砲「伺候」，當地居民可是每天都在承受。

軍事目的之外，敖德薩擁有幾個特殊性：首先，她是烏克蘭最大的港口城市，亦是黑海、地中海最大的糧食出口基地，左右全球糧食安全；她也是受俄羅斯文化影響最深的城市之一，卻沒有在這場戰役中「倒戈」，展現烏克蘭人民愛國心、民族意識高漲、抵抗入侵的韌性。基於以上幾點，我們選定敖德薩爲主要採訪地點，後來事實證明，我們也的確挑對了地方。

與 Fixer 碰面

如果我們出差到比較熟悉的國家，例如東北亞、東南亞、南亞、歐美，當地台商多、網路上參考資訊多，我們大多可以自行安排訪問跟行程。但如果到台灣人比較陌生，人脈資源不多且有語言隔閡的國家，找到當地的 Key Person 就很重要，我們稱之爲 Fixer（協助外國記者採訪的當地線民），他的功能性遠超過地陪，因爲他不僅要對當地熟門熟路，還要有廣大的人脈網路協助我們跟政府單位接洽，並且突破受訪者疑慮，畢竟許多人連台灣在哪裡都沒聽過。找到適合的 Fixer，就能讓我們工作起來事半功倍。

基於保護理由，我無法提供烏克蘭 Fixer 的任何資訊。但是透過他（們），我們成功取得國防部採訪許可、跳過排隊過程迅速辦理記者簽證，並在事前溝通過程中，協助我們逐一跟受訪者聯絡。雖然很多採訪主題在我們出發前「臨時變卦」，尤其是烏克蘭軍方考量保密跟安全，取消許多原本相當令人興奮的採訪計畫，但我們的 Fixer 總是能夠臨機應變，或找尋替代方案或者去「盧」受訪者，我們也因此認識烏克蘭人的個性，當他說「不要」就代表「You have

zero chance（你一點機會都沒有）」，但如果他說「我想想看」，沒有直接回絕，就代表還有機會，但能不能繼續進展呢？就得看天時地利人和了。相較有些國家人民既不承諾也不立刻回絕，讓人苦等老半天，我覺得烏克蘭人做事眞是俐落果決。

喔對！還有一件非常重要的事情，就是當你出現危險時，Fixer 會跳出來幫你「擋駕」，我們曾經在一個傳統市場裡被一位懷疑我們來滲透的婆婆，指著鼻子大罵，Fixer 就跳出來幫我們澄清、最後連他都跟著吵起來。能夠順利的採訪，更重要是安全離開烏克蘭，我們的 Fixer 功不可沒。

烏克蘭的震撼教育

防空警報

從小在台灣長大，「防空警報」對我們來說一點也不陌生，小學時聽到防空警報，全班都要躲到桌子下方；長大後聽到防空警報，半個小時路面淨空，在戶外的民眾就去躲便利商店，如果人在市內，可能甚至不會有太大的感覺。這無須贅述，久了之後就像「一場戲」，還會笑看外國媒體緊張兮兮報導台灣「戰爭準備」。這眞的要感謝上天，因爲台灣太久沒有經歷戰爭，但是在烏克蘭聽到防空警報，是截然不同的氛圍。

「親愛的市民，敖德薩市發布警報，立即前往防空避難所！」第一次在烏克蘭聽到防空警報跟政府廣播時，我的寒毛整個豎起來，因

敖德薩街頭的防空警報廣播器。

為我知道這跟台灣不一樣，這不是演習，而是真的有一枚飛彈或砲彈，正從位置不明的方向，飛向城市任何一個角落。有一次走在路上，防空警報響起沒多久，我們突然聽到三聲「碰！碰！碰！」巨響，那個瞬間，幾乎所有人都立刻轉向爆炸聲音發出的地方，經驗豐富的當地人，甚至能概略聽出爆炸位置距離我們有多遠，可能擊中什麼地方、需不需要打電話問候家人朋友。幸好，那一次是烏克蘭的防空系統發揮作用，在空中攔截飛彈所發出的聲音，但不是每次都這麼幸運，我曾在清晨收到敖德薩朋友傳來的簡訊，說距離他兩條街的一個倉庫被擊中，爆炸聲響跟振動把他從床上「掀」起來，情緒久久不能平復。

當地人聽到防空警報，普遍會有兩種反應：一種是焦慮地去躲防空洞，另一種是放棄避難。

其實根據政府規定，當防空警報響起時，人民應該要躲進防空洞；如果人在大賣場或超市，賣場會要求顧客停止購物、全部離開市內直到防空警報解除，例如二〇二二年六月二十七日，就爆發令人髮指的購物中心攻擊事件，當時俄軍發射巡弋飛彈，攻擊烏克蘭中部城市克列緬丘格（Kremenchuk）有上千人在的購物商場，造成至少二十人死亡、上百人受傷，這也讓我們後來去大賣場時，都會有點不安，盡可能早點買完早點離開。若人在政府機關，所有辦公事務必須暫停，安全人員會引導離開建築物，或到地下室防空洞去避難。我第一次躲防空洞，就是在烏克蘭郵政敖德薩總局採訪，突然間警報響起，我們穿過一條陰暗走廊、推開一道鐵門後，走進蘇聯時期打造的防空避難所。說實在，這個避難所很有「時空膠囊」的感覺，門口兩個木箱

防空洞內的打字機，無法得知是否還能夠使用。

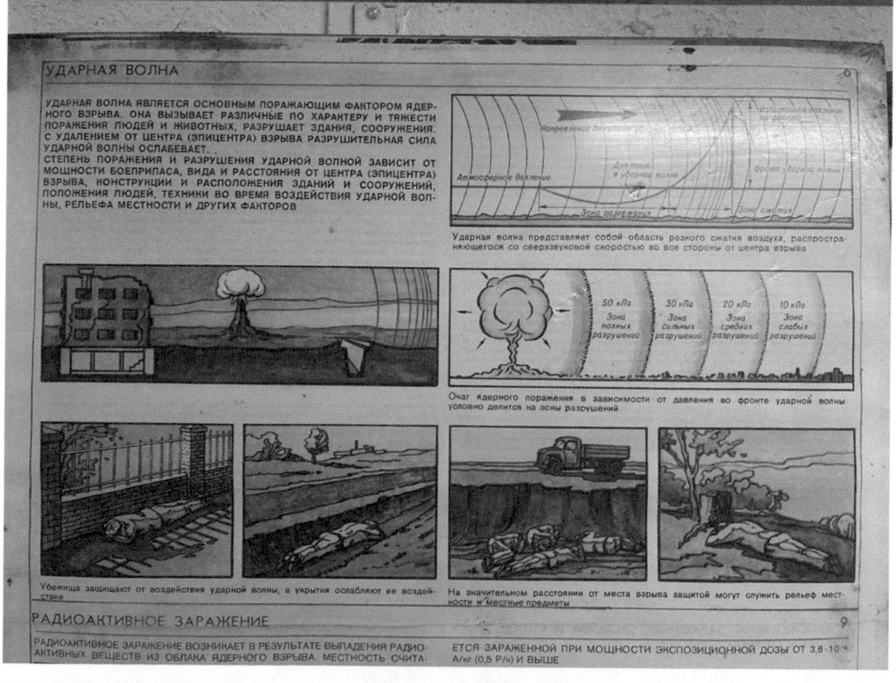

裡頭放防毒面具、一袋餅乾口糧、幾瓶礦泉水。室內有幾張板凳跟行軍床，而牆面上掛的是蘇聯與冷戰時期製作的漫畫海報，教導民眾如何因應空襲危機甚至「核彈攻擊」。還有一個房間，堆滿復古打字機、電話，但還能不能用，不得而知。

教導民眾面對空襲時，如何在所在地尋找隱掩蔽的教學圖示。

跟我們一起進入防空洞的，有郵政總局員工、民眾，也有街頭行人，當長者神情緊張、快步走進地下室時，我們就知道殘酷的戰爭，在她心裡刻下又長又深的陰影，「我感覺到害怕，只有害怕，只有當我看到我愛的人，或是我的家人在身邊時，我才有辦法露出笑容，但基本上就是害怕。」一位婦女接受我們訪問時，深深吸了一口氣，而她旁邊的女士，則是全程緊閉雙眼、大口呼吸，試圖緩和自己的情緒，也有人緊緊抱著寵物臘腸狗，不願意多談。「只要防空警報我們就下來，適應恐懼，我們相信一切都會好轉的。」一位郵政總局員工這樣說，她的同事也附和「烏克蘭是一個能在壓力中，正向思考的國家，我們必須保持鎮定跟冷靜，不要讓恐懼影響到我們工作」。但是在那將近一個小時的警報聲裡，他們想到的，或許是已經發生卻無法抹滅的恐懼，更是對未來的不安定感。

不過，於此同時，街頭民眾也呈現截然不同的反應。你會看到相當多的人，把防空警報當成「背景音」，就是防空警報繼續響，但人民繼續做自己的事，或在街頭散步、公園聚餐，或在露天餐廳聊天，簡直就像一種「平行時空」。我問了一群在咖啡廳外哈拉的年青人們「難道你們不怕嗎？」他們回說，「怕啊！但是怕也沒有用」「生活還是要繼續過」，「就算回家躲起來，飛彈也有可能炸到你的房子，這就是爲什麼一直擔心是沒用的，沒有人可以完全倖免！」言談之間，充滿著對戰爭的無奈、對命運不可捉摸，還不如好好珍惜當下、活在當下，享受當下。

防空警報響起時，敖德薩郵政總局防空洞擠滿民眾，大家各自在長板凳上等待警報解除。

害怕的敖德薩居民，全程閉眼睛、安撫自己的緊張情緒。

其實烏克蘭的幅員遼闊，光一個敖德薩州（Oblast）的面積就達三萬三千三百一十平方公里，幾乎跟台灣（三萬六千一百九十七平方公里）一樣大，當飛彈來襲時，防空警報是整個州一起響，概念上有點像台北被攻擊，而高雄響起防空警報，因此你無從判斷究竟會打中哪裡；另外，俄羅斯攻擊的目標當中，有七〇％是民間基礎設施、民宅大樓，而且是隨機、軍民無差別攻擊，因此會不會被打中，眞的完全看運氣。

每次防空警報響起時，手機警報軟體會跟著啓動，發布推播，每天至少響個三四次。或許是「入境隨俗」了，我們從一開始的焦慮，到後期逐漸對防空警報跟手機警示感到麻痺，不再找尋防

儘管警報響起，路上不少民眾繼續過自己的日子。圖中一名女子，製造泡泡給小朋友們帶來歡樂。

空洞躲避，與其說是「與恐懼共存」，更應該詮釋爲對戰爭感到麻木、無法掌握生死的無奈感。

俄羅斯輪盤

如果要我用一句話總結在烏克蘭的生活，我會說，很像活在「俄羅斯輪盤下」。讀者知道什麼是俄羅斯輪盤吧？就是拿一把左輪手槍，在六個膛室中只放進一顆子彈，輪流擊發，每扣一次板機，就在跟死神賭命。在烏克蘭期間，我感覺戰爭離我很近，卻捉摸不定，每天都會聽到哪裡被炸，感覺就像不小心擊發裝有子彈的那個槍膛。其實我每天早上醒來張開眼睛，看到我的民宿房間完好、外頭樹木花草迎風搖曳，我就會先禱告感謝神「這個晚上讓我活下來了」。不知道有多少無辜百姓的性命，在睡夢中被奪走。

通常烏克蘭被攻擊，新聞訊息不會明確報導發生地點，先有官方證詞「是否被擊中、是否有傷亡情況」，而後才會視情況釋出更多資訊，有時甚至新聞報導透露的地點，與實際發生地差了好幾公里，原因是不管炸到什麼，都不能讓俄軍知道攻擊是否成功，即使網路出現災情影片，也會發現重要地標、建築物被打上馬賽克，往往只會看到一股黑煙。不過後期越來越多民宅、大樓、賣場被攻擊，烏克蘭政府拿來作爲指控俄軍的「犯罪證據」，才有更多影像圖片流出。有一天早上醒來，我在 Telegram 群組看到訊息「敖德薩清晨被轟炸」，我趕緊請 Fixer 聯繫官方，官方評估過後允許我們拍攝，我們才拿到確切的地址座標。事不宜遲，我們跳上車子，一路開向事故地點。

敖德薩州、馬亞基(Mayaky)

那天被攻擊的地點，是位於敖德薩西邊四十公里的小鎮馬亞基(Mayaky)，從市中心開車過去，車程要一個半小時。從Google地圖上就可以先查看，這個小鎮裡面沒有任何軍事基地或設施，但是有一座連接通往鄰國摩爾多瓦(Moldova)、羅馬尼亞(Romania)的橋樑，原本敖德薩有兩條主要聯外公路，但是開戰沒多久，濱海P七〇公路上的Pidyomnyy Mist大橋被炸毀，就只剩下馬亞基這條「生命線」。俄軍攻擊這座城鎮，無非是要斷了烏克蘭的「血管」，阻止一切外援進烏克蘭。

我們一直以爲俄軍攻擊的目標是「橋」，但當我們風塵僕僕地抵達時，橋好端端的在那裡，不管是要出境還是入境的大貨車，川流不息，捲起滾滾黃沙。當我們還在疑惑時，發現路旁雜貨店停電停水，冰箱食物全壞了，我們才意會過來「炸的是村莊!」果然，還沒進到村莊路口，就已經擠滿消防車、警車、救護車、人道救援單位、工程車，我們把車停在最外圍，徒步挺進災難現場。

在國內外跑新聞十幾年間，我遇過風災、地震、土石流、火災、大樓倒塌、墜機等各種災難現場，飛彈攻擊的場景，再度讓我開了眼界。

當天凌晨，俄軍派遣一架 Tu-22 式超音速轟炸機，攜帶一枚在冷戰時期有「美軍航艦殺手」之稱的 X-22(Kh-22) 反艦飛彈，在村莊的一個三岔路口處，炸出一個大約寬兩米、深三米、長五公尺的飛彈彈坑，而大小形狀不一、沉重又銳利的炸彈碎片，散落在彈坑附近，有些插進土裡，有些刺進輪胎，行走途中一個不小心，還可能被刮傷。飛彈爆炸後，最緊臨彈著點的平房，前院、客廳、廚房全被炸光，只剩下一間主臥室，我們抵達時，距離攻擊已經過了好幾個小時，土地上仍然有火苗在悶燒，空氣中瀰漫一股燒焦味。而且自彈著點環顧四週，受到爆炸震波威力的影響，沒有

X-22(Kh-22) 反艦飛彈的殘骸。

一間平房完好，不是屋頂垮了，就是牆壁裂了、圍籬翻倒。許多居民聚在一起，同時思考一件事情：「爲什麼是我們？」馬亞基這座小鎮，面臨跟台灣鄉村同樣的問題，就是青壯年人口大量外流、出走找工作，剩老人、小孩「留守」，甚至出現「小孩帶小孩」，幼童推娃娃車幫父母照顧嬰兒的畫面，因此不要說軍人，這裡等同「零戰力」，對俄軍沒有任何威脅性。

「俄羅斯媒體說這裡有軍事設施，但你看看周邊，哪裡有軍事設施？這裡只有老人、小孩住在這裡！」

緊鄰彈著點、受創最嚴重的那一戶人家，只剩高堂老母住在這裡，兒子、女兒都到敖德薩市中心工作，兒子在半夜睡夢

馬亞基居民在受損的自家門外沉思，還未從驚嚇中平復。（上圖）
馬亞基女孩在爆炸的建築物前方，看到我們拍攝時，站得直直的給我們取景。

中接到鄰居電話「你家被炸了」，等凌晨五點宵禁一結束，馬上奔回老家，看到一切被夷爲平地，屋頂不見了，昔日成長空間、休假回來住宿的房間，全都埋在瓦礫堆下方，或是被大火燒成灰燼，遺留下來的物品，只剩下一台腳踏車跟一隻母雞。母親呢？母親受到房間兩道門保護，奇蹟似的毫髮無傷活下來，我日後還在當地媒體，看到她從醫院回家接受訪問的片段。如果在台灣，肯定會說她上輩子不知道做了多少好事、燒了多少好香。

「這就是俄羅斯人稱的『兄弟』（俄羅斯一直宣稱他們與烏克蘭爲兄弟之邦）」，兒子忿忿不平地說。我問他，最希望透過媒體，告訴全世界、告訴俄羅斯人什麼？「混帳俄羅斯人下地獄！（You mother-fucker Russians, go to hell!）」，但或許是想保持形象，他冷靜下來後對著鏡頭再說一次「希望我們在這裡體驗到的一切，入侵者也都能親身體驗。」

他的鄰居，也有一樣深沉的痛苦與無奈。

「什麼都不剩了，舊家沒了，新房子沒了，車庫毀了，車子砸了，一瞬間一切都變成廢墟」

與剛剛那座平房僅幾步之遙，是一棟才落成不久的三層樓民宅，後面有一塊小農地，在台灣可以稱爲「豪華農舍」。受到爆炸強大震波影響，屋頂凹陷、破了一個大洞，牆面四處都是裂痕，窗戶玻璃全碎，只能先用幾塊塑膠布擋一擋。屋主讓我們進家門看看慘況，我們本來想

倖存居民兒子，從瓦礫中搬出僅剩的物品：一台腳踏車。

彷彿奇蹟般，母親毫髮無傷，而家裡飼養的雞也活下來了。

倖存居民兒子，試圖清點家裡僅剩財產，卻束手無策。

彈著點旁被夷平的民宅。只剩一間臥室，其他全都付之一炬。

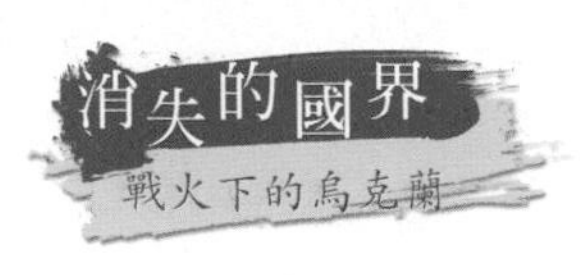

脫鞋子，被他制止，因爲房子裡面到處都是玻璃跟木頭碎片，全新裝修的浴室，屋頂結構崩塌，防火泡棉外露，就像是凝結爆炸的瞬間。沿著階梯上到二樓，牆面、天花板都受損，「幸好我們最近剛換建材，不是用水泥，不然後果不堪設想！」一家五口老小都沒有被壓傷，是不幸中的大幸，但我們還是在樓梯間看到好幾條血痕，屋主回憶說，「爆炸的時候，我整個人從床鋪上摔下來」，他一路衝出臥室、大聲呼喊、拖著小孩往樓下逃難，過程中手掌被玻璃碎片割傷，才會在牆面留下血印。遮風避雨的房子毀了，後方農田也遭殃，溫室棚子裡種植的小黃瓜正準備收成，結果棚子被掀掉，整片農作物報銷，全家人的生計一夕間，灰飛煙滅。

「我內心非常非常痛苦」屋主大大嘆了一口氣。烏克蘭跟俄羅斯一樣被稱爲「戰鬥民族」，不只因爲他們身強體壯，跟剛硬、不示弱的性格也有關係，尤其特別注重形象，因此剛接觸這個民族時，總會覺得有些距離感。即便國家被入侵、人命財產損失不計其數，我也很少遇到嚎啕大哭、表露情緒的烏克蘭人。也可以說，他們很努力隱藏自己的脆弱面，因此當你看到一位虎背熊腰的男性，用哽咽的口氣講話，你可以想像他試圖掩蓋的悲傷有多巨大，可以理解內心有多煎熬。

「我不知道他們做了這些事之後，怎麼能被稱爲俄羅斯『人』，他們是野蠻生物。我跟我家人體驗的，希望他們有天也能感受得到。」

位於戰場「大後方」，他們從未想過老人、婦女、小孩，也得親身經歷戰爭的殘酷。烏克蘭政府說會救濟受災戶，但戰爭中的政府，哪來的錢？政府說會向俄羅斯求償，每個人都清楚知道，這是「天方夜譚」。除了無奈自救，又能如何？這就是戰爭啊。

敖德薩州、謝爾吉伊夫卡

「欸！昨天晚上又有一個地方被炸了」從馬亞基回來才沒幾天，一天早上突然接到 Fixer 電話通知，距離馬亞基約一小時車程的「謝爾吉伊夫卡」，凌晨被俄羅斯飛彈擊中，從 Telegram 片段消息得知死傷不少，我們馬上驅車前往。這座城鎮真的很「偏」，我們開車超過三小時且公里數等同於「台北到高雄」，才抵達這個濱海城市。一直以來，她是烏克蘭當地人渡假勝地，我們 Fixer 在戰前也曾經搭火車來這裡旅遊放空，對外國人來說就有點不便了。

屋主帶我們進入家中，清楚看見天花板剝落、防火泡棉外露、牆面裂痕。後方窗戶玻璃全破，先用透明塑膠布遮蓋。

有個插曲，抵達謝爾吉伊夫卡前，要先「出國」。由於前面提過，敖德薩濱海公路被阻斷，只能走內陸公路，其中一段要短暫「出境」到鄰國摩爾多瓦，然後再「入境」回到烏克蘭。我們跟著各式大型貨車卡車，一路開往邊界，果然看到藍黃紅相間的摩爾多瓦國旗。還沒到關口前，就被烏克蘭的檢查哨攔下來。

「你們要出境嗎？」邊境士兵看著整車男性，警戒地問。通常我們被臨檢，都是我跟攝影被「關心」比較多，但是邊界士兵在乎的是，Fixer是不是打算離開烏克蘭。因爲根據當時政府徵兵規定，十八到六十歲男子不得出國，隨時接受徵召，顯然邊境軍人擔心有人企圖「逃兵」。不過我們秀出記者證、Fixer再三保證是陪同我們工作，軍人才放行，告誡：「等下直直往前開不要轉彎。」原來前方岔路，往右就是摩爾多瓦邊境查驗，往左才是回烏克蘭，要是我們轉錯地方，麻煩就大了。

接下來的路上，我們陸續經過幾個古堡遺跡，保存不

耶穌基督的圖像。烏克蘭與俄羅斯同屬東正教，看到這個畫面，俄軍怎麼想？

停在車庫的車輛也遭殃，玻璃遭碎石砸破，布滿灰塵。

錯，直到我們赫然看見一座比古堡悽慘的斷垣殘壁，就知道抵達案發現場。那是一幢粉紅色的Villa「Khvylva」，Google地圖上的評價四．二顆星，有典雅的客房、兩座游泳池，網站上留下不少家庭戲水、烤肉，顧客的開心回憶。但我們眼前的Villa，屋頂垮了、建築物冒出好幾個大洞，那兩座游泳池呢？被飛彈擊中之後整個炸開，完全看不出泳池的形體，水也早已流乾。更驚悚的是，我們在Villa對面，少說幾十公尺外的草地，發現一個個厚重水泥磚塊，仔細一看，上面還貼有游泳池的磁磚。我不禁思考，就算當時沒有直接被飛彈命中，但這樣連帶的殺傷力，遇到肯定也是非死即傷。當時消防員跟救難隊還在瓦礫中找尋生還者，翻出一個個行李箱。行李箱的主人，應該是要帶家人遠離戰火才來到此地，如今下落，我們始終沒有見著。

遭飛彈擊中的 Villa，中庭兩座大游泳池已不復見。

那個晚上，十八個人罹難了。

這次俄軍攻擊行動，一共發射兩枚飛彈，一個打中Villa，一個正中民宅大樓，後者的死傷最慘重。我們踏過無數碎片、穿過好幾道警方封鎖線，才看到這棟大樓，早已有軍用卡車進進出出，把一車接一車的瓦礫殘骸運送出去。從正中央深凹大坑洞，一眼就知道彈著點位置，陽台、外牆、房間都被炸飛，一眼就能看到房子最內側；同棟大樓的其他樓面也因為爆炸震波，陽台垮了、外牆裂了、壁磚掉落，不用說，這棟大樓肯定是無法再住了。社區鄰近的幾棟大樓沒有比較幸運，受損狀況嚴重，堪稱一夕之間變成「危樓」。「運氣好」的屋主，趕緊返家收拾行囊，或是消防隊用雲梯車，協助居民進入屋子拿取貴重物品。

封鎖線外，有一位先生看著大樓、默默站著，表情交雜無奈跟茫然的情緒，手頭的菸，一根接一根抽。原來他跟太太，二十年來在這大樓的一樓經營雜貨店，靠著賺觀光客的小本生意，撐起一個家庭，而現在他的心血面目全非、壓在瓦礫碎片最下方，「我完全不懂，俄羅斯為什麼要衝著烏克蘭？我們沒有對任何人做壞事，我們過去也都相安無事。我們在這邊過得好好的。」老闆講著講著，聲音顫抖起來，吸了一口氣，「我不會講烏克蘭文，我講俄文，但這裡也沒有人對我怎麼樣，俄羅斯人為什麼要這樣對我？」聽著，翻譯著，我的Fixer竟然也哭了起來。俄羅斯總統以「保護俄語區居民」為由發動戰爭，但這群講著俄語的烏克蘭人，根本不

民宅大樓中央的深凹處，就是飛彈擊中之處，可見傷害之嚴重。

需要他這樣做。原本普丁希望拉攏烏克蘭境內的「俄裔人口」，複製二〇一四年不出一兵一卒、策動挺俄勢力拿下克里米亞的經驗，套用到這次戰場。普丁殊不知，他不但沒有成功拉攏，反而把這些俄裔或俄語族群越推越遠。

當地工程師與居民討論如何協助民眾返家。

當地工程用吊臂幫助民眾返回家園。

受創大樓外觀樣貌。

生者還能指控，逝者只能追思。

東正教神父在大樓後方的公園，辦了一場小小的追思會，附近街坊鄰居都來了。神父帶領倖存者爲受難者祈禱，不論男女老少，全都紅了眼眶、默默流淚，也非常罕見地看到居民放聲大哭，這麼內斂的民族，你深刻理解這種傷痛，已經超過他的臨界點。「我幾乎認識所有過世的人」一位家庭醫師跟我們說，平常社區大人小孩都會找她看診，就像里長，她什麼人都認識，「我完全不知道該如何安慰來尋求我慰藉的鄰居，他們想要聽我的鼓勵，但我完全沒有辦法」，她把俄軍攻擊定義爲「純粹的仇恨」，「這道傷太深了，我唯一想說的是，復仇之日終會來臨。」

現場有一位員警，對我們相當友好，讓我們跨越封鎖線近距離取景拍攝。過程中，他突然走過來、拿出一個飛彈殘骸跟我說「這是紀念品（This is

當地追思會上，民眾流淚替逝者祈禱。

souvenir)」，從他的苦笑跟半開玩笑，我知道這個「紀念品」的意義重大，他希望我們把烏克蘭人的遭遇傳遞出去。一直到我歸國寫稿，這塊碎片都在我的電腦桌前，一點一滴提醒我親眼所見、親耳所聞。在敖德薩，民宅被炸，知名跨國連鎖運動用品大賣場也被炸，俄軍總以「揪出納粹份子藏匿地點」、「打擊軍事部署」爲由對俄羅斯國內宣傳。我只能說眼見爲憑，俄軍不是蓄意攻擊手無寸鐵的平民百姓，就是如Fixer所說「他們間諜情報大大失準」，無論哪一個，都苦了烏克蘭百姓。

基輔州、博羅江卡 (Borodyanka)

相較於敖德薩偏戰場後方，位於基輔州的博羅江卡，是眞正跟俄軍近身交手的城鎮。起初，俄羅斯想速戰速決，對烏克蘭首都基輔進行「斬首戰」：他們率先破壞基輔近郊的兩座機場並試圖派遣特戰部隊占領，爭取制空權、投送兵力；同時，部署於烏克蘭與

忍不住悲傷，宣洩情緒的民眾。讓人看了非常鼻酸。

白俄羅斯邊境的部隊，從邊界南下，一路穿過博羅江卡、伊爾平(Irpin)、布查(Bucha)，逼近基輔。但是三月「基輔保衛戰」過程中，烏克蘭激烈反抗，透過炸橋、破壞交通要道，把俄軍阻擋在布查河跟伊爾平河之外，他們也拆除、塗改路標，讓事前準備不足的俄軍迷失方向。克里姆林宮對基輔閃電戰的攻勢幻滅，滯留在布查、伊爾平與博羅江卡的俄軍，卻爆發舉世譁然的大屠殺惡行，根據官方統計，光布查就有四百五十八位平民被殺，其中四百一十九起有行刑式槍殺、酷刑的證據，烏克蘭也以此指控俄羅斯種族滅絕、反人類罪與戰爭罪。儘管俄方否認還反咬是烏方「刻意偽造」，但在聯合國介入調查後，已經有為數眾多的國際領袖、國會議員、民間組織造訪布查跟伊爾平，帶來巨大聲量與物資金錢援助。

相比之下，博羅江卡有點被「忽視」了。這就是為什麼我們沒有去布查跟伊爾平，卻選擇去博羅江卡的原因。早已撤退的俄軍，在各個角落都留下無法抹滅的傷痕。

我們從白教堂(Bila Tserkva)去博羅江卡的路上，首先看到被炸斷的橋樑，橋面完全崩塌，剩橋墩孤單地矗立在那，所幸下方溪流水量不多，當地民眾先架設簡易便橋通行。繼續向前，出現一棟飽受子彈火砲攻擊的大樓，大樓牆面無語訴說當時激戰狀況：數不清的大小彈孔，是被機槍掃射、步槍射擊的痕跡；幾間高樓層陽台受創嚴重，是被火箭彈攻擊破壞的結果，焦黑的牆面，顯示整棟大樓曾經陷入火海之中。當我臆測，守衛部隊是不是躲在這棟建築，伺機突擊敵軍結果引爆激烈攻防的時候，我們的駕駛突然說「當時我在這裡」，然後從大樓對面草叢裡面，輕易撿出一堆彈殼，「當時烏軍躲在裡頭突擊俄軍，俄軍就從地面回擊」，講一講，又在一旁搜集出迫擊砲的碎片。這時我心裡突然冒出一個感覺，有了謝爾吉伊夫卡跟博羅江卡的經驗，發現所謂「景觀第一排」或「海景第一排」的房子，在戰場上也是首當其衝的「第一排」。後來跟一些當地朋友聊，他們也感嘆說，住在靠內側或靠中庭的房子，意外讓他們覺得「相對安全」。

路邊隨處可見被燒成焦黑的民車。

被炸毀的橋樑，只剩橋墩還屹立原地。

被炸毀的橋樑，橋面嚴重崩塌。

博羅江卡民宅大樓，從牆面上的彈孔、破壞與焦黑，可以想像當時激戰情況。

近看大樓，數不清機槍、步槍、砲彈的痕跡。

當地駕駛大哥隨手收集的迫擊砲碎片。

越靠近博羅江卡市中心，不用刻意找，隨處都是被炸毀的平房、超市、賣場，以及燃燒殆盡只剩車架的車輛。「早一點來的時候，這邊跟死城一樣，沒有人」駕駛指著周邊環境解說，儘管此時已經有不少居民陸續回到家園，整體感覺還是非常冷清。有好幾棟位於大馬路邊的大樓，圍起封鎖線，抬頭往上一看，建築物被「削掉半邊」，許多陽台的物品如洗衣機垂掛半空中；或是低樓層被「掏空」，倘若有高樓層居民試圖從樓梯間逃難，走到半路發現下方變成無底洞，肯定非常驚恐。居民在這幾棟大樓外牆貼英文海報「我們已經在這裡住四十年了(We have been living here for 40 years)」、「清除瓦礫，建造我們的房子(Remove the rubble-build our flats)」彷佛是向國際、向政府，發出沉痛的控訴與表達重建決心。

大樓嚴重受損另一個角度。

位於博羅江卡市中心，被削掉半邊的民宅大樓。

陽台受損狀況嚴重，鋼筋外露，樓地板都空了。

燒成一片焦黑的大樓外牆。（中圖）
居民用英文布條控訴敵人，訴求原地重建。

市中心有一座廣場，正中央有一座雕像，紀念烏克蘭詩人與文學藝術家塔拉斯・謝甫琴科(Taras Shevchenko)，這位「現代烏克蘭語的奠基者」被視爲烏克蘭民族的代表人物，彰顯烏克蘭與俄國的不同。結果俄軍入侵博羅江卡後，破壞石柱，並且非常挑釁地在謝甫琴科頭上開

烏克蘭詩人謝甫琴科雕像，頭上有一個明顯彈痕。

謝甫琴科頭上彈痕。這顆子彈打在雕像上，更是對烏克蘭人民族自尊的挑釁。

一槍，這顆子彈不只打在雕像上，更是對烏克蘭民族的極大惡意，因爲要滅掉一個種族，就要先滅掉他們的文化根基。

至於軍隊之外的當地居民，第一線面對入侵者的心境是什麼？我們來到一條大街，這裡每戶人家，都有不同經歷故事。

一，性命與愛國的抉擇

地下防空洞入口外觀。（上圖）
地下防空洞入口望向洞內。

我們走進第一戶民宅，建築物已經在戰火中淪爲塵土。但是庭院出現我們意想不到的東西：好幾個俄軍攜帶軍械的草綠色長方形木箱，側邊印有編號，打開來看，裡面的武器裝備早被拿走。據屋主說法，當時庭院裡滿滿都是俄羅斯大兵。這戶人家從前庭到後院，總共有三個地下坑道防空洞，我們拿手電筒走到底部，看到俄軍吃完丟棄的軍用罐頭、口糧、垃圾甚至軍靴四散各處。

我們更在房屋後方大草原發現一輛報廢棄置的俄軍戰車，顯然遭遇烏克蘭軍隊突襲，履帶脫落、肯定是被當

俄軍佔據博羅江卡居民地下室，
留下食用完的軍用罐頭。

博羅江卡居民地下防空洞，
裡面有俄軍佔據的痕跡。

成活靶，砲管斷一大截，車廂內部燒到面目全非。戰車車身還能清楚看到用白色噴漆寫的「V」字，當地朋友告訴我們，俄文字母其實沒有「V」，這個記號暗示這是一支「攻擊基輔的部隊」，也有人猜測是俄國總統普丁（Vladimir Putin）的代號。俄羅斯國防部從來沒有證實這項臆測，只曾在 Instagram 帳號說V代表「眞理的力量」。說到這，由於俄軍在烏克蘭埋下大量地雷，烏軍也埋一些阻止敵軍挺進，當戰事進行到七月時，儘管烏克蘭軍方已經開始掃雷、清除危險區域，但你經常會在路邊看到地雷的告示牌，沒有被公告的地區更多。也因此當我們行走在荒草地，不免會害怕踩到不該踩的東西，唯一安全作法，就是踩著當地人的腳印前進。

話說回來，俄軍武器裝備怎麼會在這裡？屋主說，「因爲烏克蘭軍隊不會攻擊民宅，所以躲這裡比較安全」「俄羅斯人進來，並沒有碰我們，但是把我們手機晶片拿走」她回憶俄軍要管制他們對外通訊，避免

俄軍存放軍械的木箱。被放在庭院當成吃飯的長板凳。

位置曝光，同時要求他們提供食物。回顧開戰時，有許多情報顯示俄羅斯軍隊並不知道要進烏克蘭「作戰」，以為只是「演習」，因此後勤補給嚴重不足，這住戶的說詞也證實這一點。相對的，她說，俄軍承諾保障他們生命安全。

我們本來覺得這戶人家運氣真差又可憐，被迫在「槍口下」生存。但就在我們離開大門後，她的鄰居跑來跟我們說，這戶居民其實是「通俄份子」，就是因為她們藏匿入侵者、給敵人溫

被烏軍摧毀的俄軍裝甲車。履帶脫落、砲管斷了一截。

被燒成焦黑的裝甲車內部。明顯的V字噴漆。（下圖）

每個家戶大門外，都會用噴漆呼籲俄羅斯軍隊不要波及老幼婦孺。

倖存的老先生，向我們控訴俄軍暴行。

飽，才能毫髮無傷。仔細想想，屋主的確對俄軍沒有什麼怨言，我們翻譯在口譯過程中，也曾對我說，他覺得「怪怪的」。不過，我沒有辦法論斷這位屋主，先不探究她是不是眞的「通敵」，我不禁思考，當敵軍闖進你的家門，你會爲了保護家人順從敵軍、提供保護所，但是日後被貼上「叛徒」標籤，還是勇敢拒絕敵人，犧牲性命也在所不惜？絕大多數老百姓只想活命，尤其當你與死亡如此接近的時刻。

二，離不開的人們與長不大的孩子

搭車沿著主要道路挨家挨戶拜訪，你會注意到幾乎每個民宅大門都有噴漆，寫著「內有婦女小孩」，希望俄羅斯軍隊不要對老弱婦孺下手，無奈戰爭冷血無情，如果噴漆有用，就不會爆發如布查與伊爾平的大屠殺。博羅江卡並沒有因爲距離基輔比較遠就逃過一劫，一名瘦到乾枯如柴的老先生，臉上皺紋更顯滄桑，對著鏡頭指控俄軍「曾經開放小孩、婦女跟老人離開，前往其他村落」，但是當車子開始發動駛離時「俄羅斯軍隊對他們開槍掃射」，這些逃難者變成罹難者，幼童再也無法長大。回憶這段過程時，老人的眼神很哀傷，我絲毫無法從他的情緒裡感受到「倖存的喜悅」。

三，他們面對的是軍隊，還是盜匪？

博羅江卡民宅被炸毀的慘況。

我們在敖德薩街頭，看過一塊諷刺俄軍的看版漫畫，上面寫「一九四四年紅軍入城搶糧秣，俄軍二〇二二年入侵偷家電」，漫畫裡頭的俄軍把電視、冰箱甚至馬桶都搬走，我當時看還覺得有點好笑，「到底搬馬桶要幹嘛？」殊不知這一點都不幽默，在博羅江卡真實發生了。

博羅江卡民宅被炸毀的慘況。

每個住家不是完全被摧毀，就是庭院、房間到處「留白」，家電用品電視、洗衣機、冰箱、電源插座，個人手機、平板被搜刮一空。一名住戶帶我們參觀他的「夏天廚房（Summer Kitchen，許多烏克蘭家庭有一個位於主建築外的廚房）」，在一個空空如也的空間裡，彷彿要我自己想像，「這邊原本是一個八十公斤的冰箱，這邊有一台電視，那邊是一台洗衣機」，全

被炸毀的家園，只能先在庭院搭棚，短暫遮風避雨。
諷刺俄軍盜匪行徑的街頭海報。（下圖）

被俄羅斯軍人洗劫一空。然後，他轉身帶我們進屋子，「戰爭爆發前，我們在基輔的親戚家慶祝孫女生日，開戰後困在基輔出不來。直到六月初才能回家，發現家裡被搬光了」「床鋪衣櫃全都沒了，現在這些都是後來添購的」，電源插座到當時都還沒安裝回去，在牆上留下一個黑洞。根據國際媒體報導，俄軍會把這些「戰利品」「贓貨」拿去白俄羅斯市場變賣，讓我不禁懷疑，連馬桶都要變賣賺錢的軍隊，要怎麼打仗？這個國家到底有多大的問題？

但我相信對居民來說，經歷過戰爭洗禮，只要家人平安健在就是好事。畢竟家園可以重建、家具家電可以重新採購，在國際救濟之下，他們現在至少可以回到屋內休息，有個遮風避雨的地方，然而脆弱的生命卻是一失去，就真的再也回不來了。

戰地採訪評估

在烏克蘭採訪期間，我們並沒有到真正的戰地「前線」採訪。就六月底當時南部戰況來說，前線指的是赫德薩州東邊的尼古拉耶夫州（Mykolaiv）。由於俄軍已經占領赫爾松（Kherson），介於赫爾松與赫德薩之間的尼古拉耶夫，就是抵抗俄軍的最前哨據點。其實我們出差前已經做好前往尼古拉耶夫的採訪計畫，所以不是我們不願意，而是攸關人命的訪問，就必須全盤思考：有沒有必要？值不值得？能不能活著把報導帶出來？

要去前線採訪，首先要取得烏克蘭國防部採訪許可，而且許可證上明確寫「烏克蘭軍方不會對媒體記者的生命安全負責」。第二，記者必須自己準備防護裝備，包含頭盔、防彈背心、個人急救包以及全套迷彩服裝：

一，頭盔：樣式沒有特別要求，我聽過有人拿第二次世界大戰的老古董上前線，不過根據曾在烏克蘭外籍兵團服役的台灣人老莊所說，戴鋼盔「保護頭部」比穿防彈衣還重要，這部分後面篇幅再繼續分享。

二，防彈背心：要有背心、前胸後背各一片「第四級抗彈板」，而所謂第四級指的是「能夠抵擋穿甲子彈攻擊」。我們出發前先去台灣ＭＩＴ廠商購買第四級「陶瓷抗彈板」，背心加上兩片抗彈板總重七公斤，儘管這已經是全世界最輕量的產品，穿起來還是有點沉重，行李還很容易超重。這也是爲什麼在戰場上很少看到有人穿全副的防彈背心，因爲躲避戰火時不易於行，而且很多人認爲會不會被打到是「機率問題」。

三，個人急救包：倘若捲入激烈對戰受傷、鄰兵或醫護兵來不及救援時，自己必須先想辦法自救。急救包裡面要有止血帶、包紮繃帶、急救藥品。重點是，自己要有基本的醫療技能。

四，全套迷彩服裝：烏克蘭的地景風貌與台灣截然不同，如果穿著台灣陸軍的數位迷彩服，在戰場上肯定會變成「活靶」。因此可以到當地購買烏克蘭軍服、軍靴、記者臂章，在市場跟軍用品店都買得到。但要注意不能採購「部隊章」，只有現役軍人才可以購買配戴。

以上這些個人裝備，要取得並不困難，講直白一點就是「有錢好辦事」。但麻煩的是「人」的部分，我必須再三強調，赴戰地採訪我最關心「能不能活著把報導帶出來」。很多年前，我曾拜讀一本《衝進新聞第一線：帶著報導，活著出來》(A Survival Guide for Journalists)，裡面最主要的核心概念，就是「如果不能活著把報導帶出來，這趟採訪就徒勞無功」。根據保護記者委員會 (Committee to Protect Journalists, CPJ) 統計，自一九九二年至二〇二二年共有一千四百六十位媒體工作者在採訪過程中喪命，烏俄戰爭衝突中，更頻繁聽到優秀的國際媒體同業遭鎖定狙擊的案例。因此要去前線採訪，我有幾項堅持跟底線：

一，主導行程的決策能力；
二，掌控時間的採訪能力；
三，足夠確保安全的訊息；
四，保護安全的隨行人員；
五，取得絕對價值的報導；
六，對得起自己與同事的家人。

然而要去尼古拉耶夫的採訪行程，不斷出現變數。我們原本規劃要跟尼古拉耶夫州長維塔利金 (Vitaly Kim) 訪問（他每天都會透過媒體向人民喊話，據說居民只要看他喜怒哀樂的表情，就知道當時戰況與處境是好或不好）、下壕溝跟軍事據點拍攝前線戰況、訪談官兵心境，並表明我們考量夜間空襲太多、不可能投宿旅館，因此採訪以不過夜、當日來回爲前提。

但與我們聯繫的對口單位，第一個提議就打破我的第一項原則：他不想帶我去拍「我想拍」的內容，而是帶我去拍「他想給我看的畫面」，更直白講，就是他想要我親身體驗「槍林彈雨」的實戰感。其次，幾次交涉過程中，從一開始要求我們付費給安全人員，後來「加碼」要我們捐贈頭盔跟防彈背心給前線官兵，說實在，支付費用給隨扈完全合情合理，因爲他們派車、派人隨同我們進出尼古拉耶夫，問題是任意加碼，讓我擔憂恐怕變成「One Way」行程，倘若抵達後，提出新的要求而我們無法履行時，會不會無法離開戰區？

最後我仔細評估戰地前線的新聞價值，我必須誠懇坦白的說，赴前線採訪幾乎是每一位軍事記者或國際記者的「夢想」，甚至可以視爲一種「人生動章」，但當機會與我近在咫尺時，我反而思考除了解鎖人生成就，我可以從前線帶回什麼與其他國際媒體不一樣的視角？如果我拍攝的畫面與其他國際媒體差不多，還有必要冒生命風險進去、讓家人承受壓力嗎？當時國內沒有任何一家保險公司願意承保，我們自己挖苦說「如果眞的發生狀況，只能受傷、最嚴重殘廢，但就是不能死」。綜合考量後，我決定「放棄」。

雖然沒有到戰場前線，在戰場後方，我投入夜間巡邏工作。

夜間巡邏

烏克蘭開戰後全面實施宵禁，隨著戰事發展，各個行政區的宵禁規定也不太相同，就敖德薩來說，我們停留期間從晚間十一點到凌晨五點不得外出，而且晚上九點過後，所有超市、賣場跟餐廳都必須停止販賣酒品，擔心有人鬧事或「借酒裝瘋」。因此我們採訪行程通常在晚間九點必須結束，才來得及趕回民宿，只有參與夜巡那一天例外。

參與夜巡之前，我們始終無法確認日期、時間、地點，對方保密到家。直到當天晚間六點，我們才接獲許可通知，才被告知「集合地點」跟「集合時間」，顯然不想讓消息走漏影響到夜巡工作。我們抵達指定地點後，指揮官不准我們 Fixer 隨行，另外指派一名曾經留學英國、年輕但做事談吐都很沉穩的情報官，負責我們的安全跟翻譯。隨著集合時間逼近，抵達的人越來越多，他們可以分爲幾類人員：

一，現職警察：他們穿著制服，利用自己下班時間投入夜巡工作。通常警察體系的人脈廣，而且執法時更能拿捏分寸。他們也會利用夜巡機會，與其他警察同仁分享情報。

二，民兵人員：民兵的來源比較多元，有些是以個人身份加入，有些來自民兵組織，曾經被大幅報導的「亞速營」其實也是由民兵組織轉化而來。其中一位民兵在戰前的工作是船長，

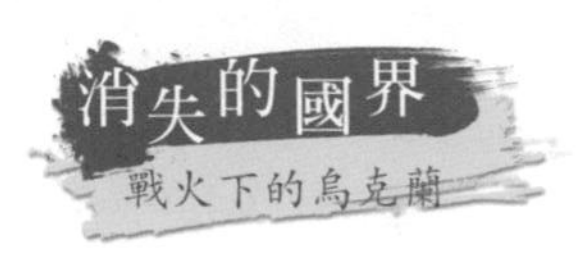

港口被封鎖後，他認爲自己的目標是從軍，不過初期烏克蘭軍隊來不及接收大量的志願者，他就自己添購步槍、防彈衣、頭盔裝備，加入民兵組織。另外一位年輕人，整個家族分散在敖德薩七個地方，秉持保護家人手足、捍衛國家的信念，即使是「無給職」，他也每天晚上投入巡護城市的工作。

我們從祕密集合地點出發，先到一個大十字路口，各自檢查槍枝裝備、等待人員到齊。當時已經晚上十點多，路上車流明顯減少，倘若此時還沒回到家的民眾，都必須要加快腳步了。他們在路口中央設置檢查哨，宵禁時間十一點鐘聲一響，除了軍車、警車、救護車、消防車、政府行政車輛可以在外行駛之外，每一輛車都會被攔下來，除非持有合法證件可以「超時」在外停留，其他都必須交代爲何還在外逗留，沒有合理解釋就當場扣押，送去警察局偵訊。還有一個例外，爲了確保物資充足，各種運送蔬果、農糧品、各種物資的物流車輛，可以在宵禁期間移動，但我好奇「如果車上藏匿炸彈或危險物品怎麼辦？」他們說不用擔心，因爲從城外到城內設有好幾個檢查哨，通常進出城第一關就會被嚴格檢查，降低恐怖攻擊風險。

那個晚間還算平靜，但隨行的情報官說「剛開戰的時候，晚上很『刺激』」。敵軍利用暗夜保護，進行滲透、破壞、特攻等間諜行動，經常有「親俄份子」或俄軍收買「線民」，就在晚間洩漏烏克蘭軍方據點、部署位置、軍事情報、定位座標給俄羅斯換取「經費」，有一位民兵說「這其實不是多大一筆錢，但就是有人願意冒叛國罪的風險去做」。開戰初期，單單這個

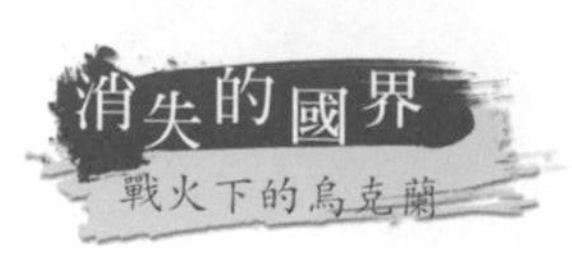

單位，平均每個晚上逮捕三十到五十人，「寧可錯抓，不能少抓」。情報官還跟我分享一個難以忘懷的經歷，有次他們循線搜查一戶人家，嫌疑犯是一位先生，看起來就跟你我的鄰居沒兩樣，有太太、有子女、有正常家庭生活與工作，但被發現「通俄」之後，他爲了拒捕，竟然丟出一顆手榴彈要與民兵同歸於盡，萬幸他失手，手榴彈落在自己腳邊，當場死亡。

這故事才剛講完，我身邊的民兵突然拿起雷射筆指向遠方的樹叢，在一片烏漆抹黑中我還沒意會過來，沒多久從裡面走出一名男子。說眞的，宵禁期間看到人獨自走在街頭，不只覺得詭異，還會對這隻「孤狼」感到背脊發涼。就算我身上穿著防彈衣，我也不知道他下一秒會做什麼，會開槍嗎？也會跟那位嫌疑犯一樣，丟手榴彈嗎？這麼近的距離，我能逃嗎？

三名人員馬上圍上去，把嫌犯逼到牆角，要他舉起雙手、放下背包，其中一人負責觀察周邊動態、是否有可疑人士出沒接應；另一人進行搜身，檢查全身是否藏匿危險物品、要求嫌疑犯掏出背包所有東西，最後一位負責「檢查手機」，試圖從手機相簿、記事本、通訊軟體的對話紀錄、社群帳號等等，找出跟俄軍通聯、或是對烏克蘭有敵意的蛛絲馬跡、是否拍攝或記錄軍事據點，過程中嫌疑犯想要點火抽菸，馬上被制止。好在最後確認他身份清白，只是因爲下班時間太晚趕不上大眾運輸工具，不得已走路回家。我想他一定覺得自己很衰，被迫走路回家還被當成嫌疑犯，但這就是戰爭，即便無奈也只能忍受。

夜巡小組在路口設立檢查哨，警車部署在十字路口正中央。

民兵檢查宵禁期間外出車輛的身分證件、特別通行許可證。

民兵檢查宵禁期間外出車輛的身分證件、特別通行許可證。

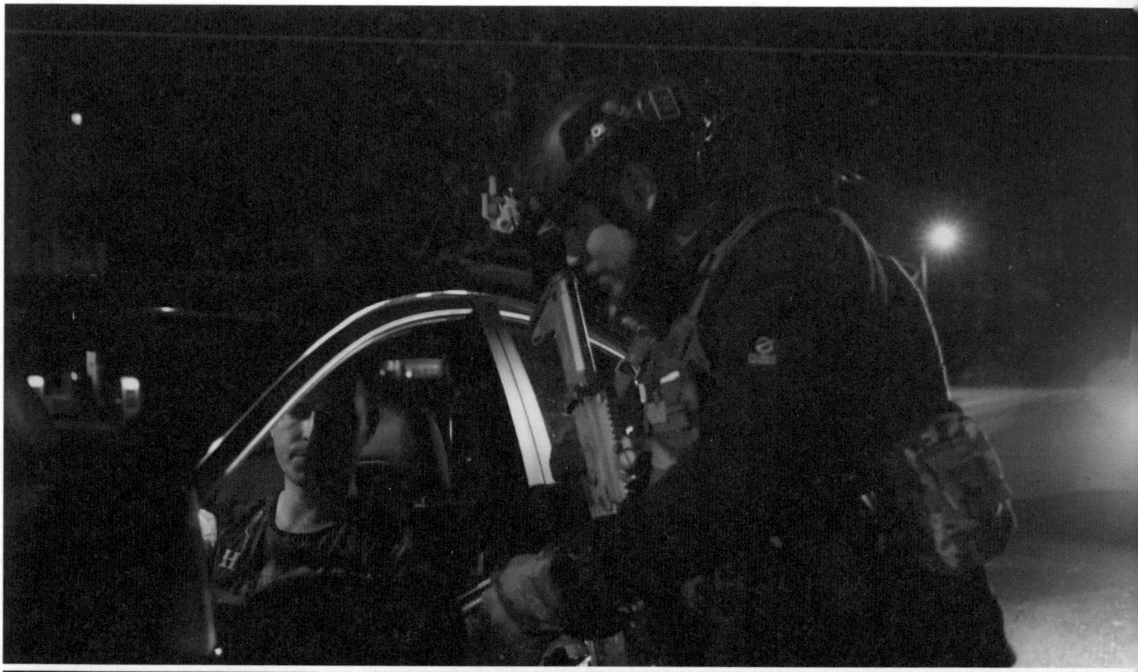

民兵將嫌疑犯逼至牆角，進行搜身。

時間來到半夜十二點，路上幾乎不再有人車，此時從無線電傳來指令，要求抽調一半人力去做「車巡」。車巡的配置是一次一組，一組兩輛車，每車兩人，目的是讓彼此可以互相照應，或在押解嫌疑犯時，降低被突襲或意外發生的風險。

至於車巡的重點，與定點設立崗哨「被動等待嫌疑犯上門」不同，車巡必須要主動揪出宵禁期間不該出現在路上的人事物。他們會特別盯小巷子、路燈照不到的黑暗處、空房子，有時也要注意民宅的燈光，是否出現「不尋常」的閃爍，因爲這可能代表某種暗號。必要時得要下車主動出擊、進行搜索，並且迎接可能隨之而來的對戰風險。

整體來說，夜巡的感覺就是「敵暗我明」，你無法預期風險什麼時候會發生，你無法判斷狙擊手在哪裡、槍口在哪裡，深怕突然間一顆子彈飛過來，打中脖子、大腿等防彈衣保護不到的地方，因此即便路面看起來風平浪靜，我的內心隨時保持高度警戒。

再次感謝神。那個晚上的夜巡，我們平安無事，我們活下來了。

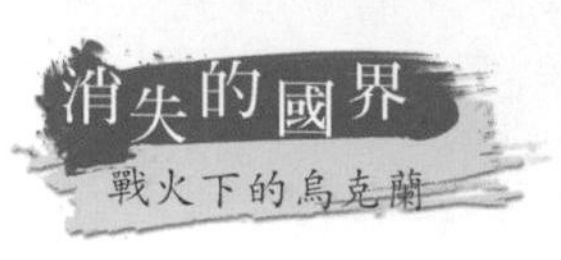

是離別還是永別

儘管無法到衝突最前線採訪，我們有幸跟幾位「老兵」相遇相聚。六月左右的戰況，烏克蘭打得相當艱辛，尤其在逆轉戰局的美軍海馬斯（HIMARS）高機動性多管火箭系統抵達之前，聽聞當時烏克蘭人員武器裝備的戰損接近九成，換句話說，當一個班（十人）出去打仗，可能只剩一人活著回來，而且不計傷重程度，戰鬥任務結束後單位就解編，把倖存者重組新單位再送上前線，但我也聽過有人是解編後，自己去找新單位。無論如何，面對如此激烈戰況，你不得不佩服這些官士兵的勇氣，遇到槍口下的倖存者，你更會發自心底敬重他們。

一，敖德薩老兵

離開敖德薩那天，我們在巴士總站附近的餐廳趕緊嗑早餐，準備上路。隔壁桌默默坐著一位軍人，邊叼著菸、邊吃義大利麵，桌上還放著報紙。我們兩桌原本完全沒有互動，但或許是發現我們的攝影機跟腳架，這位軍人突然起身、走過來桌邊，高昂地講了一連串烏克蘭語，速度快到我們 Fixer 來不及翻譯，大意是他因爲身體受傷，不久前才剛從盧甘斯克戰場返回敖德薩療傷，吃完這頓早餐後，他就要再回去部隊報到。爲了表示我們的敬意，同行人員主動走去櫃檯，結了這位軍人的帳。我覺得爲國家犧牲奉獻的人，請他吃頓飯顯得太微不足道，但至少

表達我們的心意。

原本回餐桌用餐的老兵又走回來，這次他秀出右手臂的刺青，是服役單位的符號；接著展開一面烏克蘭國旗，上頭有同樣的圖案，原來他是一名特戰傘兵。他一直要求我們幫他拍照，我們本來有點猶豫，畢竟烏克蘭保密這麼嚴格、不能拍攝軍人，遑論面容「全都露」？但是在他幾番堅持下，我突然意會過來：

他希望有人幫他記錄他的英勇、他的容顏，因爲這次重返部隊，他可能再也回不來了。

即使在烏克蘭待了一段時間，當我自以爲能夠「與戰爭共存」的時候，我才發現，原來我對「生離死別」完全沒有準備好，應該說，還差得太遠了。

當我們從敖德薩搭巴士北上，準備前往基輔，我們同車有好幾位成年男子。他們的家人陪同送行，我可以很明顯感受空氣中瀰漫著離別的傷感氛圍，丈夫與妻子的擁抱特別深刻、小孩抱著父親大腿，捨不得放手。我才知道，原來這班車會先經過烏克蘭的新兵訓練基地，他們要去受訓、準備上戰場，這一個擁抱、一個道別，沒有任何言語能形容它的珍貴，更別說，進了部隊爲了保密，必須盡可能跟外界斷絕聯繫，天知道這家人，何時才能再相聚。

我也跟敖德薩的 Fixer 道別，結束陪伴我們的工作後，他隨時要響應部隊的徵召，當時我聽說他準備要進去尼古拉耶夫前線，我跟他說「Stay safe, stay alive」，我知道我的眼淚在眼眶裡打轉，我很努力不讓它流下來，因爲我不想讓這次道別成爲彼此最後一面。台灣男生大部分服過兵役，我們或許能體會接到兵單、第一天去新訓單位報到的徬徨感，但完全無法與烏克蘭的情況相比擬。

那天的那班車，塞滿了感傷。

二，利西昌斯克老兵

利西昌斯克位於盧甘斯克州北頓涅次克區，是烏俄兩軍必爭的戰略要地。烏克蘭不敵俄軍的猛烈攻勢，利西昌斯克於二〇二二年七月初淪陷。這座城市失守沒多久，我們在基輔的近郊城市白教堂（Bila

老兵秀出右手臂上次的刺青。不知道這位勇者還健在嗎？

Tserkva）遇到一位剛從前線浴血歸來的老兵，他同意接受我們訪問、分享剛結束的戰爭實況，前提是要把面容馬賽克、變音處理。採訪時，他顫抖的手叼著菸，一根接一根抽，完全停不下來。我了解他抽的不是菸癮，是生離死別的哀愁。

「有次我在壕溝裡面計算，有多少敵方武器射向這裡，我就算啊算，算到五百的時候，我就停止計算了。」老兵講話時很冷靜，但從他的形容，你彷彿可以聽到震耳欲聾的砲聲與機槍無止盡的射擊聲。

「我們指揮官很英勇，雖然他不是高階軍官，但他總是身先士卒。在一次戰鬥中，我們部隊被俄軍包圍，離不開、非常危險，他勇敢地衝出

老兵秀出烏克蘭國旗與傘兵部隊的符號。

去找其他壕溝，想要移轉陣地，但當他抵達時，俄軍早就躲在裡面，指揮官當場被打死。」說到此，我不知老兵已經嘆了多少口氣。他們曾試圖把指揮官的遺體搬出來，「我們等了至少十二個小時，完全沒辦法靠近遺體，因爲戰鬥非常非常激烈，你就是沒辦法。」他們最後等待十八小時才在敵火間歇時把指揮官遺體運出來。少了這位「臨陣當先」的指揮官，也多少影響到部隊士氣，畢竟不是每位領導幹部都會重視弟兄性命。

老兵最後在激戰中撤離。相較於弟兄戰死沙場、中彈受傷，他只有因爲長時間忍受各種槍砲巨響導致耳膜受損、影響聽力，已經幸運許多，但因此導致高血壓、頭痛，進而影響到精神狀態，必須先住院、服藥改善。老兵特別跟醫院請假外出，跟我們分享這段故事，因爲他也期盼有人「傳揚這位指揮官的故事」。巧合的是，我們見他這天，也是他的結婚喜日，或許看到太多性命隕落、生命無常，他利用這次返鄉治療的機會，跟交往多年的女友公證登記，沒有排場盛大的婚禮，只有交換信物、許下諾言，重點是不要讓生命留下更多遺憾。

根據當時烏克蘭政府估計，前線每天數百人陣亡重傷，七千二百人下落不明。單看這些冷冰冰的數字，你或許沒有深刻感觸。就在我抵達烏克蘭第二天、向敖德薩新聞中心報到結束，戶外就傳來軍禮奏樂的聲音，那是一場簡單而隆重的軍禮，共有三名高階軍官戰死，當覆蓋國旗的棺木從大禮堂運出來，家人嚎啕大哭、無語問蒼天的神情，讓我第一次感受到「原來死亡離我這麼近」。

陣亡軍官的家屬，望天長嘆。

高階軍官的軍禮。參與的士兵幾乎都是年輕一輩。

烏克蘭的墓園，在園區外匆匆下葬的墳墓。覆蓋滿滿鮮花。

才剛過完 20 歲生日的青年，是誰讓他的生命永遠凍結在這一刻？

更令人難過的是，高階軍官還有機會受到軍禮送別，基層士兵往往匆匆下葬。經過墳墓區，總是會看到好幾座布滿鮮花的小土堆。它不尋常的地方在於烏克蘭的「墓碑文化」，通常是以大理石或石頭立碑，用雷射光雕畫下往生者的頭像或生前工作，例如一名逝者生前的工作是火車司機，墓碑就有火車光雕。但這幾座新墳墓，墓碑以木頭取代，在墓園外的非規劃區，先入土安葬。而且仔細一看，一位士兵在二〇二二年四月八日陣亡，而他的生日是二〇〇二年四月七日，代表他才剛剛過完他的二十歲生日，生命就此凍結。旁邊那位年輕的男孩，甚至再等一個月，就能迎接他的十八歲成年，但他跟家人永遠等不到了。

如果拜訪基輔獨立廣場，你會在旁邊草坪上看到藍黃小國旗旗海飄揚，每一面國旗都有一個名字或一張照片，代表一條生命逝去。後方立了一個石碑，統計「被普丁殺死的烏克蘭人 (Ukrainians killed by Putin)」或「被普丁殺死的外國人 (Foreigners killed by Putin」。你心知肚明，這個數字的更新速度，永遠都趕不上實際發生的速度。

我不禁要問：誰發起這場戰爭？誰導致這場戰爭爆發？到底爲了什麼？讓這麼多人無辜喪命值得嗎？這些在上位者何時才能清醒，結束這一場無止盡的犧牲？

基輔獨立廣場前草坪，路過的民眾總是會多看一眼。

每面國旗都代表一位生命。記錄他的名字以及逝世的日子。

少數國旗會貼上逝者的照片。

統計被普丁殺死的烏克蘭人數字。

動物也有創傷後壓力症候群

看一個民族性，有時候可以從他們對待萬物生靈的態度，看出一些端倪。我們先把時間拉回三月初，俄羅斯入侵烏克蘭沒多久，大批烏克蘭人民出逃、穿越鄰國邊境。當時我去了波蘭跟烏克蘭邊境三個關口採訪，總是有一個畫面讓我印象深刻：民眾帶走的東西不多，或許就一個背包加上一個行李箱，許多人胸前還會抱隻貓，或牽條繩子帶著愛犬離開。對他們來說「動物的生命跟人類一樣重要」。因此不論是設在關口附近的救助站或臨時收容據點，非常意外會看到「寵物站」，提供飼料與動物的保暖物品。

尤其是貓。烏克蘭人是一個愛貓成癡的民族，對我這種貓奴來說，烏克蘭是一個貓奴天堂。當地人曾這樣形容：「知道怎麼跟貓互動，彷彿存在當地人的DNA裡頭。」在每個街頭角落總是能看到對人類毫無戒心、懶洋洋的貓咪，或是休憩，或是自顧自地清舔身體，心情好就走到人類腳邊撒個嬌，相對的，我也經常看到彪形大漢走到牆角邊，從塑膠袋拿出貓罐頭或乾糧餵食貓咪，十足「反差萌」。當阿嬤（Babushka，對年長女性的敬稱）在市場擺攤，或許她賣的東西讓人絲毫不感興趣，但只要帶隻貓在身邊「賣萌」，就有源源不絕的銅板跟貓糧「捐獻」。每到假日，民眾會把家裡新生的幼貓、街頭救援的貓咪，送到跳蚤市場，幫他們尋找「有緣人」，有些中介者公親變事主，送不出去的貓就帶回家養，結果越養越多。

「戰爭爆發後，貓咪是我的心靈支柱」有位阿嬤對我們說，「不僅晚上會陪伴我，貓咪甚至會守在門口站崗」。我再怎麼愛貓，也從沒聽過貓會「站崗」這檔事，本來有點半信半疑，後來發現這位阿嬤不是單一個案，訪問下來，許多人在戰爭期間都有這個經驗，就像貓咪在保護他們，讓睡眠更安穩、減緩壓力。「在烏克蘭傳統文化裡，貓咪被稱爲『藥師』」阿嬤解釋，當地人堅信如果身上有病痛，只要讓貓咪在疼痛處踩踏「指壓」，疼痛就會緩解，「我孫女有一天肚子痛，我把貓咪放上去，她馬上就好了！」這聽起來像偏方的作法，他們可是深信不已，據說「三色貓」還有改善健康的功效。另外有趣的是，如果烏克蘭人要買房或租房子，他們總是會讓貓咪先去屋子裡跑一圈，如果自己沒有貓，還要去跟別人借一隻，因爲他們相信貓咪會感應到「哪裡不對勁」，我想以台灣文化來看，應該是知道裡面是否有

跳蚤市場協助送養貓咪的阿嬤。每隻貓咪都像親生的。

「阿飄」吧？這不是道聽塗說，隨口問都會得到這樣的答案，但從這些小故事就會理解為什麼烏克蘭這麼愛貓、這麼重視動物。

當戰爭發生時，有些人把動物的生命，看得比自己的性命還重要。

鄰近俄羅斯邊界的烏克蘭第二大城哈爾基夫，開戰後遭俄軍猛烈砲擊，只要拿下哈爾基夫，俄軍就能長驅直入，因此連城內費爾德曼生態公園（Feldman Ecopark）也淪爲戰場。根據當地媒體報導，動物園被轟炸，留守的保育員被槍殺，由於情勢緊迫加上柵欄損壞，園區不得已要將兇猛的獅子與老虎安樂死，以免逃竄到市區傷人，沒想到消息一出竟然引起全國動物園的「救援大作戰」。敖德薩動物園園長Igor Biliakov，自己帶著一名工作人員，從敖德薩到哈爾基夫來回開車一千六百公里，把

陪著阿嬤擺攤的貓咪。阿嬤賣什麼不重要，貓咪賣萌才重要。

一對獅子從激戰區撤離。他說救援最困難的部分，一個是要經過許多檢查哨，第二個是獅子的情緒很不穩定。

「當我們抵達時，牠們的狀況很糟，嚇壞了，身上有咬過的痕跡，因爲經歷砲擊過後，牠們情緒激動，在柵欄裡面打鬥形成傷口」，根據撤離當時拍攝的影片，一隻已經被馴服的溫順獅子，突然出現攻擊傾向，甚至自我傷害，當地獸醫表示「在他們身上造成的傷害，很明顯的是因爲聽到爆炸聲，他們就開始自傷。」

如果以人類的角度來看，這就是「創傷後壓力症候群，ＰＴＳＤ」，指的是「遭逢重大創傷事件後，出現的嚴重壓力急患」，如果曾經目擊、體驗或被迫面對死亡或身體傷害，就有可能發生。許多從戰場返回家鄉的美軍官兵，就因爲經歷過生死交關的場面，出現「強

烏克蘭路邊到處都是貓咪。可愛又親人。

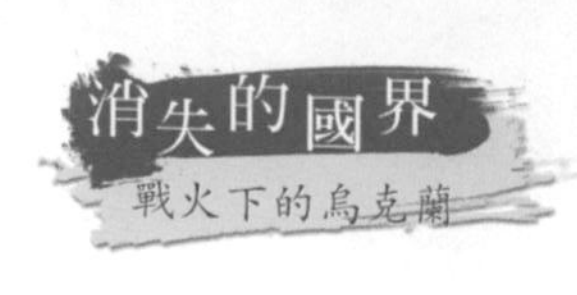

烈害怕、無助感或恐怖感受」，進而表現出暴力或過度激烈行爲，因此又稱爲「退伍軍人症」。獸醫告訴我們，其實目前並沒有研究顯示動物有「創傷後壓力症候群」，但是從哈爾基夫撤離的這對獅子，出現極類似的症狀。

當我第一次在敖德薩動物園見到這對獅子，是在一個動物園區的後方，一般遊客無法進入。當我靠近籠子時，母獅突然衝上前、發出低沉嘶吼，如果不是因爲柵欄阻隔，我確定我會被攻擊。「我們把牠們隔離人群，固定也只由一名保育員餵食，盡量不打擾牠們，」獸醫解釋，「只要聽到防空警報，或是砲擊聲，他們會變得激動。」即使已經離開第一線戰場，我仍然能在牠們的臉上跟身體，看到打鬥與抓痕，眼神還有點空洞，食慾不佳。其他不同動物，有不同表現方式，「以斑馬來說，牠會在柵欄裡面爆衝，然後撞斷自己的脖子。」我們也在一個「可愛動物區」看到備受戰爭折磨的小動物們，例如倉鼠，不是默默窩在角落，就是在籠子不停奔跑轉圈圈，最慘的是，牠們會啃咬自己的身體，身上毛東缺一塊、西缺一塊，粉紅色皮膚外露不說，還滲了點血跡。

雖然牠們是動物，但牠們也是生靈。跟我們人類一樣，都很難承受戰爭帶來的巨大衝擊。

兩道牆後生存法則

兩道牆後生存法則（Behind two walls）是我在烏克蘭學到最實用的自保技巧。當飛彈來襲或是砲彈落下，務必遠離大樓外牆，最好躲進室內另一個房間，當飛彈擊中或爆炸引發震波時，多少可以降低飛彈的直接威脅，或是爆炸碎片的連帶傷害。現代大樓喜愛使用玻璃帷幕，在戰爭時完全沒有防護效果，玻璃碎片還可能導致更多受傷。

「開戰時，聽到防空警報響起，我們就躲在浴室裡一個晚上」敖德薩青年 Yariks 帶我們參觀住家，展示「居家防空洞」給我們看。如果把大樓外牆當成第一道防護，那麼浴室的牆面，就是第二層保護，落實「兩道牆後生存法則」。當時他跟太太，一個坐在馬桶上，一個坐在浴室地上，滑手機撐過一個夜晚。「當然，如果飛彈直接穿過大樓，這還是沒用的。」根據我們在炸彈攻擊現場目擊的場景，確實有幾戶運氣比較差、被瞄準成彈著點的住家，躲在兩道牆後也無濟於事，不過其他家庭，都可以運用這個概念得到加倍保護。或許讀者也能思考看看，住家哪裡有「兩道牆後」的避難空間？

當地人另一個必備物件，就是「逃命包」。台灣經常面臨地震威脅，家家戶戶對於救難小包或急救包並不陌生，甚至不太會準備。但是戰爭期間，大門玄關放一個隨時可帶走的逃命包就非常重要，這會攸關個人生死問題。Yariks 展示他五十公升的逃命包裡準備的東西：

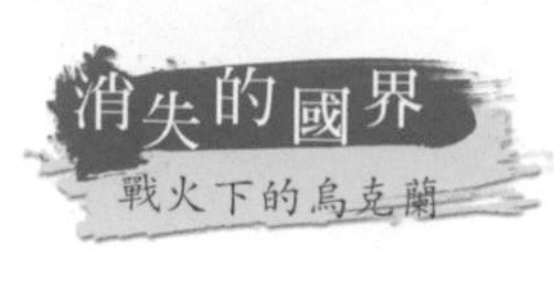

一，個人文件：護照、戶口名簿（正本或影本）、兵役文件。Yariks還準備了一份地契影本。這些全部都放在防水L型夾裡頭。

二，保暖衣物：依照當時天氣而定。由於烏克蘭天氣較冷，他替自己跟太太各準備一件厚大衣、圍巾。如果狀況惡化、需要長時間在外停留，也要多做準備。

三，現金：除了少量當地貨幣，也必須先準備一些外幣例如美金跟歐元。倘若有需要逃難到國外，可以省去匯兌的麻煩。而且戰爭國家的貨幣會貶值，多預備外幣能夠降低衝擊。

四，糧食飲水：逃命包裡頭放一瓶一公升的水，糧食以輕便、好帶、高熱量爲主，例如能量棒、高蛋白口糧都是不錯選擇。

五，急救藥品：包含碘酒、藥水、ＯＫ繃、繃帶。主要是應付逃難時如果受傷，應急之用。如果受到較嚴重的傷害，還是得仰賴救護人員協助。另外，相關個人藥品例如氣喘藥、抗過敏藥也務必準備，因爲急救站未必會有這些品項。

了解住家周邊距離最近的防空洞也很重要。

烏克蘭有數個手機軟體，能顯示距離當前位置最近的防空洞。例如我在烏克蘭期間使用「Air Alarm Ukraine」，就會顯示防空洞種類、地點、名稱、平日管理負責人名稱、街道、聯絡電話跟Google導航資訊。許多烏克蘭民眾躲進捷運車站或地下道，也是一種選擇。我們

到訪期間，烏克蘭總統澤倫斯基下令所有新建房屋都要有防空設施，以及可以了解外面情勢的資訊設備，例如電視機。

手機軟體另一個功能，就是設定自己所在城市，例如我在敖德薩或基輔市，當戶外防空警報響起，我的手機也會發出通知，就算你在室內，也不會因爲聽不到外頭警報聲而錯過逃命的機會。不過有時候會晚個幾秒到幾分鐘。當防空警報結束，手機還會再發一次推播。這不禁讓我想到，台灣近幾年漢光演習也有測試「細胞簡訊」，先不說有人是「國家級邊緣人」，如果聽到警報之後你要怎麼做？該怎麼逃？逃去哪裡？通訊中斷時怎麼跟親友聯繫？國家要怎麼發布訊息或指令？似乎沒有通盤的演練。

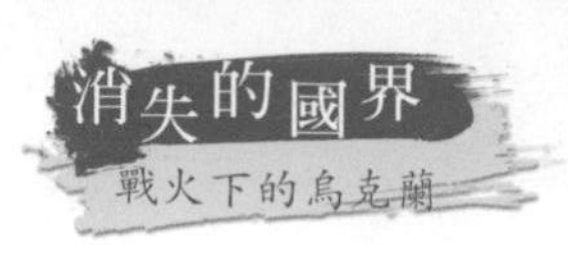

城市堡壘化

當烏克蘭的城鎮落入俄羅斯手中，俄軍馬上進行「去烏化」：中斷手機訊號，把電信業者從烏克蘭改爲俄羅斯；更換使用貨幣，從格里夫納改爲俄羅斯盧布；禁止學校教學烏克蘭語，全面改用俄語教材，最後就是發動「假獨立公投」，要居民「被自願」選擇併入俄羅斯。想避免城市被敵軍掌控，城市就要進行「堡壘化」。

位於敖德薩市政廳旁邊，是旅客必訪的「敖德薩歌劇院」。這座建於一八〇九年的歷史建築，被視爲整座城市的代名詞，也是敖德薩的精神指標，更是守住這座城市政經中樞的最後防線。因此外牆、車道堆滿沙包，開闢射孔；歌劇院四周也用沙包建立防禦工事，爲最後近身駁火做準備。不只歌劇院，重要政府機關、軍事設施、警察局門口，也都有沙包跟拒馬，據說在建築屋頂還設有防空部隊，不過這牽涉軍事機密，我們無從也無法查證。我們最常經歷的，就是進出城、進出村莊或到其他州，必須要經過無數個檢查哨，有些檢查哨是用沙包堆起的碉堡、裡面藏一輛戰甲車，有些檢查哨則比較簡陋，民兵會抽查每輛要進出城的車子，像我們就要提供護照、國防部採訪證、南部軍事管理局的核可證件。

前面《夜巡》的篇章有提過，部分「心向祖國」或「心術不正」的民眾會被俄軍買通，提供軍事情報或洩露軍事部署地點給敵軍。因此「堡壘化」這個概念不只用在城市防衛，更是在

敖德薩歌劇院正門，沙包堆了超過一個人的身高。

敖德薩歌劇院側門，亦有沙包戍守著出入口。

心理層面上。

路上四處都看得到「心戰看板」，最常見的是表彰英勇反抗俄軍的「英雄城市」如赫爾松、馬立波、尼古拉耶夫；另一種是烏克蘭軍方廣告，台詞如「我們一起保衛烏克蘭」、「你的信

敖德薩歌劇院正門，可以參考沙包的比例。進出車道已經被封閉。

沙包開闢射孔，以利槍枝進行射擊。

位於歌劇院外的防禦工事。

任是我們的力量」、「烏克蘭將會戰勝！」抨擊諷刺俄軍的廣告也很多，莫斯科號沉沒的意象被廣泛使用，喊話「俄羅斯士兵停手！你有辦法直視你孩子的眼睛嗎？快滾，保持你的人性吧！」由於敖德薩的歷史淵源，過去一直被視爲親俄城市，這些看板也是強化民眾敵我意識的作法之一。有關烏克蘭的俄國情懷，後面篇幅再繼續解釋。

建設心理防衛，對普羅大眾來說，更重要的是要收起「打卡魂」。

「當我離開烏克蘭的時候，看到逆向而行的軍車，我就拿起手機拍了照，結果馬上被同車的其他烏克蘭人阻止。」曾經在基輔精進國標舞的台灣好手阿孝，回憶起開戰時的這段往事，「後來有其他同行的人拍照，結果烏克蘭軍人直接上車，要求刪除照片！」

現代人尤其年輕一輩，喜歡隨手拍照上傳社群媒體、打卡、傳ＩＧ限時動態，這些在戰爭期間都是大忌。我自己跑軍事幾年，深刻了解軍事情報人員能夠「反向調查」的可能性，比如說我有一位航空界的資深前輩，在中國對台大規模軍事演習時，仔細搜查中國官媒的「官宣」影像、截圖分析，照理來說，軍方發布任何資訊，都會盡量把所在位置的地景地貌、周邊識別度降到最低，何況是飛彈發射車這種高機動性的軍備品。但這位資深前輩，僅靠中國官媒不到幾秒的「空拍照」，反向找到位於福建的發射位置，再透過 Google Earth 雙重比對確定這個資訊。即便軍方審查後公開的影像，再細微的一棵樹、一個布條，可能都會洩露軍機，隨手一拍上傳的影片照片，對敵方來說都是天上掉下來的大禮。

我還看過一個報導，俄羅斯士兵在陣地內用交友軟體跟烏克蘭女子曖昧，沒有察覺這位女子是來「釣」情報的。這位無知的俄羅斯士兵在一陣迷惘之際，拍照暴露自己部隊的位置，沒多久就被烏克蘭砲擊。爲了避免曝光部隊移防、各種軍事行動，在烏克蘭期間，我很少看到有人自拍、更別說打卡，所有車輛的行車記錄器全部拆除。當我們在街頭拍攝街景時，兩度遭到當地民眾報警檢舉，儘管覺得懊惱不便，我必須佩服烏克蘭人保密防諜、敵我意識強烈的決心。

說個題外話。我們在敖德薩街頭曾經目睹一輛前往尼古拉耶夫的飛彈發射車，就算用僞裝網覆蓋起來，仍然藏不住飛彈發射箱。我們一度想說要不要拍，想當然耳馬上被 Fixer 阻止這個念頭，Fixer 還刻意拉開我們跟飛彈發射車的距離，我問他爲什麼？「要是飛彈車被鎖定我們不就完蛋了嗎！」說眞的，我當下有點汗顏自己怎麼沒想到，也才發現即便跑過軍事新聞，我們的敏感度都太低了。

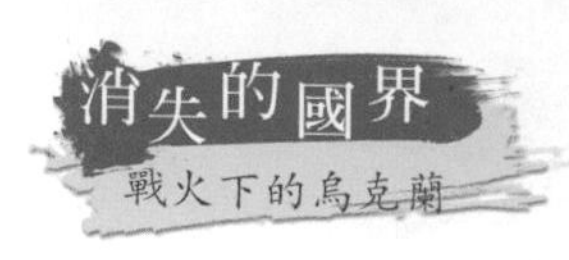

戰爭下的螞蟻雄兵

我經常想，戰爭發生時除了上戰場，每個人還能做什麼事？扮演什麼角色支持國家？我覺得可以參考烏克蘭人的示範。

戰爭爆發之初，烏克蘭總統澤倫斯基下令十八到六十歲役齡男子不得出國，並且同步號召國際間有志之士，加入特別成立的烏克蘭領土防衛國際軍團。根據維基百科資料，烏克蘭備役軍人有「百萬大軍」，概念上如果動員所有後備軍人，應該不愁兵源不足才對啊！為什麼還需要國際戰士「拔槍」相助呢？原來烏克蘭政府並沒有仔細思考如何動用後備兵力，戰爭突然間爆發，讓他們措手不及，Fixer 說「許多熱血、愛國男子跑去營區，主動要再入營投入戰場，但軍方根本無法消化！」結果許多人被請回，只能先留資料等待日後再被徵召。部隊徵調上軌道後，許多烏克蘭男性跟我說「他們從未被政府強迫徵召入營，就算進部隊，你可以選擇要不要去前線。」一位青年很驕傲地說「這就是烏克蘭與俄羅斯不同之處，因爲俄羅斯會在大街拉人入伍、強迫受刑人打仗，但我們有選擇的權利！」繼續探究原因，烏克蘭軍方認爲如果把一位沒有戰鬥經驗的人送上前線，不僅戰死沙場的機率很高，也會拖累同袍，因爲在戰場上「打傷敵人」其實比「打死敵人」更能遲緩對方的進攻效率。

既然役齡男子沒有非上戰場不可的必要，他們就有更多奉獻國家的選擇。

一，咖啡店老闆 Yariks

年紀 30 歲出頭的 Yariks，在敖德薩蔬果市場開了一間小而美的咖啡廳，平常的興趣是騎重機跟跳水，即使戰爭期間，我也常在 Instagram 看到他分享出遊的限時動態。但從他「福氣」的體態，我們都知道他不適合戰場。「我從未想過要逃跑，這裡是我的家，我出生在這裡，沒有人能逼我離開，當我想離開的時候我自己會走，絕對不是因爲戰爭。」既然不上前線，他就要顧好「後方」，繼續經營咖啡廳、給付員工薪水讓他們正常生活，把自己賺到的錢捐給烏克蘭國防軍，利用工作空檔去當志工捐贈物資。

他也想翻轉全世界對戰火下烏克蘭人民生活的印象。透過我們鏡頭展現日常生活，下班回家跟太太一起下廚，吃晚餐看海綿寶寶電視劇。假日或找三五好友到家中聚餐，或是騎到湖邊跳水。Yariks 說俄羅斯試圖恫嚇人民、改變他們的生活，「但我要告訴你，我們不怕。」

二，冰淇淋店老闆 Andre

位於敖德薩警察總部旁，有一間販售冰淇淋與麵包的典雅小店，我們拍攝期間客人源源不絕上門。這間店鋪的老闆爲了躲避戰火，2016 年從盧甘斯克搬到敖德薩，但這次俄羅斯入侵，他決定不再逃避，開戰當天還在國外出差的他，馬上返回國內，而且店鋪只休息短短十天，三月四號就重新開張營業。「爲什麼我們決定營業？因爲我對公司跟職員有責任。這些員工必須有薪水才能支付房租、水電費，這是第一點；第二點，我們還有客人，我們有常客會來光顧，即便戰爭時期我們也要賣東西給他們。」店內共有五名員工，一名櫃檯收帳、兩位冰淇淋師傅、兩位麵包師傅，明明知道店鋪位在警察總部這個「大標靶」旁邊，被波及的風險程度極高，也沒有一人被嚇跑。

由於汽油供給不穩定、物流費用提高，拉抬大約三成物價成本，老闆跟顧客一起共體時艱，只讓顧客承擔十五%的漲價費用，另外十五%自己吸收承擔，儘管如此，一支冰淇淋漲價後折合台幣也才三十多塊錢，絲毫不影響顧客購買意願，這間「愛國商店」的生意也迅速恢復到戰前八十%左右的水準。

三，烏克蘭船長

從小繼承父親衣缽的他，二十歲開始跑船，如今已經升到船長。在戰爭前，他一年平均有三分之二時間待在海上，開著貨輪全球到處跑，但是敖德薩港口被封鎖後，他至少半年沒有離開陸地。我問他不會懷念在海上的日子嗎？他說「或多或少」，但也因此「因禍得福」，因爲過去貨輪靠港，他只能跟家人短短相聚就要再出發，現在終於可以花時間陪陪五個尚未成年的孩子們，其中一位只有六個月大。

由於之前存了不少存款，即使沒有工作，還能支應生活開銷，他同時捐錢給烏克蘭國防軍，奉獻微薄力量。「我不急著返回海上，我會等到烏克蘭戰勝的那一天。」不過，他的其他水手朋友們，有的找了臨時工作、貼補收入損失，也有人高唱從軍樂，打仗去了。

四，穿梭邊境的送貨員

戰爭剛爆發時，烏克蘭物資一度短缺，必須要有人到波蘭或斯洛伐克等鄰近國家運送物資。我在波蘭、烏克蘭邊境採訪時，就見到兩位開廂型車跨越邊界來波蘭載運人道物資的男子。起初我並不理解，烏克蘭役齡男性不是被禁止出國嗎？原來根據政府規定，只要家中有三名以上子女，父親就可以免除兵役，他們也秀出類似戶籍謄本的文件作證。只是要出境，他們還是得先取得當地政府的「特別許可」以及「特別通行證」，通行證會註記幾月幾號、從烏克蘭哪個關口離開、開什麼車子、車牌號碼、什麼時間從哪個關口回國、運送的物資品項，由當地指揮官簽名擔保才可以執行。採訪當時就發生一個插曲，他們抵達收貨地點的時間比預期晚了快一小時，就是因爲他們跑錯關口被擋下，還得由波蘭這邊對口、當地指揮官一起打電話「疏通」。

乍看之下除了開長途車，運送貨物沒什麼風險。但實際上，因爲俄軍後勤不足，這些運糧食或民生必需品的物資車，就會遭到惡意騷擾。烏克蘭駕駛 Roman Lapka 說：「有一位駕駛被俄軍攔截，結果被殺了，俄軍搶走車上所有的物資」他們必須開車進入戰區發放物資，生命風險跟軍人比不相上下，Roman 的太太 Tereza Lapka 也說，她有看過其他司機露出害怕緊張的情緒。跟他們相處前半小時，還感覺得到在戰區生活的戒心，直到聊了許久、我自己也加入幫忙搬運物資，他們才稍稍卸下心防。他們後來跑去波蘭超市大採購，感覺就像出外放風，但當我們目送他們跨越邊境返國烏克蘭時，我深刻理解他們又進入危險之中。幸好，他們後來陸續傳物資發放成功的照片「報平安」，你不得不佩服他們的勇氣，替自己同胞「送進一股希望」。

與勇敢的烏克蘭司機們合影。由左依序為《消失的國界》資深攝影張峻德、波蘭台灣人 Nick、烏克蘭語翻譯 Darya、烏克蘭司機 Roman、Roman 太太 Tereza、另一位烏克蘭司機與筆者。

Tereza 用臉書傳訊息來「報平安」。波蘭送去物資的開箱照。

我們用波蘭、台灣與烏克蘭國旗，目送兩輛物資車跨越邊境返回烏克蘭。

烏克蘭孩童與收到的物資合影。

烏克蘭的貨車與波蘭的物資車對接，進行人道物資輸送

五，我們的 Fixer

「我知道我不是拿槍衝鋒的料」我們 Fixer 坦白地說。他精通烏克蘭語、俄語跟英語，曾任職烏克蘭大企業，是名不折不扣的知識菁英，拿筆桿比槍桿更上手。因此協助外國媒體拍攝、讓外界更了解烏克蘭，或者說進行「資訊戰」、「宣傳戰」就是他發揮長才之處。

兩方交戰拚輸贏，最終還是看「誰的拳頭大」。但烏克蘭的經驗顯示，讓每個人各司其職、專業分工，也能在各領域發揮加倍效果。上述只提「個人」部分，我們接下來看「企業」與軍隊之外的「政府部門」，如何扮演自己的角色。

企業的角色

InterChem 是烏克蘭最大藥廠，也是跟國際藥品企業合作的重要原料出口商。它的總部位於敖德薩郊區，必須開過一段沒有柏油的巔坡路才能抵達，從外觀看像是一個獨立王國，園區內部有好幾棟大樓、建教設施機構、地下碉堡、交通車。進大門要先繳交護照核對身份，跟我們在烏克蘭看到的其他企業規模，完全不同。InterChem 也是著名的愛國企業，官網首頁不是宣傳公司跟自家產品，而是「俄羅斯入侵烏克蘭」、「我們持續戰鬥」、「停止俄羅斯停止普丁」的文宣，而且做的比說得更多。

「開戰前，我們就覺得這個鄰居有點不太尋常。所以我們預先進口更大量的原物料」InterChem 總經理 Anatoliy Reder 親自帶我們參觀原料庫房，樓面空間挑高到兩倍以上，直通天花板的層架，堆滿各式藥品或是包裝用的原物料。「我們眞的沒預期到戰爭會爆發，這場戰役改變了一切，包括運輸流程，原本從海運或空運遞送原物料，現在完全卡住了。」幸好「超前部署」讓這間藥廠不至於斷炊，畢竟戰場前線最重要的止痛藥，完全仰賴他們提供。

生產線上，藥品、說明書、包裝盒，在全自動包裝機上組合、密封，整個廠間轟隆轟隆響個不停。「這個國家的需求量很大，我們提供大量的藥品給國防部，送到不同區域，也包括有可能被占領的高風險區域，我們也先補給他們，讓前線官兵有庫存。」總經理回憶說，開戰初

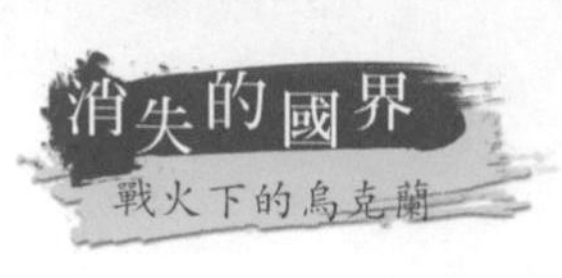

期運送是最大問題，因爲少有司機願意冒風險進入戰地，但民眾的熱心與愛心出乎預料，「好多位不認識的人主動說要來幫我們送藥，有些人開貨車來、親自送進戰區，有些人幫忙帶上火車，送去哈爾基夫」，他從未想過會有這麼多人主動伸出援手，適時化解前線的迫切需求。戰況穩定之後，改由警察護送，政府更對 InterChem 開特例，工廠跟所有員工都不必受到宵禁限制，可以二十四小時運轉。我問他，難道沒有員工離開嗎？「我們一千位員工當中，有八十四人因爲不同理由離開國家，我們並不會阻止他們，但一段時間之後，其中的六十三個人陸續回到家園跟工作崗位上，很有趣的是，我們甚至『收編』其他藥廠的員工，以至於我們公司規模在戰爭期間還擴大了」。或許如電影《蜘蛛人》裡的經典名言「能力越強，責任越大（With great power comes great responsibilty）」，InterChem 穩定住國內藥品供應，上繳比過去多一倍的稅收，面對許多沒有能力支付藥品的單位，他們免費奉送。

我們花了一點時間參觀藥廠，不論是研發部門、製造部門、測試部門、包裝部門，沒有一條產線停擺，就連員工餐廳都正常供餐，而我們面談期間，這間藥廠附近其實又被轟炸，每天處在高風險的環境中，他們依然堅守崗位。

Anatoliy 說，「我們會害怕，但我們盡我們所能。我想要表達的是，我們還活著，我們就要盡可能奉獻我們能做的事情。」

政府各部門的角色

國家緊急應變局

「如果講到救援者，他們是眞正的國家英雄。」每當烏克蘭遭到飛彈或砲彈摧殘，絕大多數的本能反應就是逃離現場、往安全的地方跑，只有一群人「逆向」衝進危險中，就是國家緊急應變局（State Emergency Service of Ukraine，烏克蘭語簡稱爲 DSNS）。從台灣來看，這個編制等同於我們的消防隊，然而這些弟兄的處境，比我們艱困太多。

「飛彈攻擊跟瓦斯氣爆的威力差很多」國家緊急應變局敖德薩地區發言人 Maryna Martynenko 解釋，「飛彈本身造成的巨大爆炸，連我們平常面對瓦斯氣爆的規模，也不足以比擬。破壞是由飛彈本身而來的，不尋常、破壞力更強大」。當他們抵達災害現場時，必須面對高溫大火、應付不斷破碎掉落的建築殘骸以及不穩定的建築結構，大大增加救援平民的難度，他們得守在現場，直到確認、清點每一位居民都脫困。如果單純只計算二月二十四日戰爭爆發到八月一號，烏克蘭全國就發生五萬四千九百一十二起火災，超過前一年（二〇二一）總數的一半；他們還得清除二千一百零七枚空襲炸彈，是前年的兩倍之多。軍人在前線打仗，我們可以視國家緊急應變局在大後方打仗。

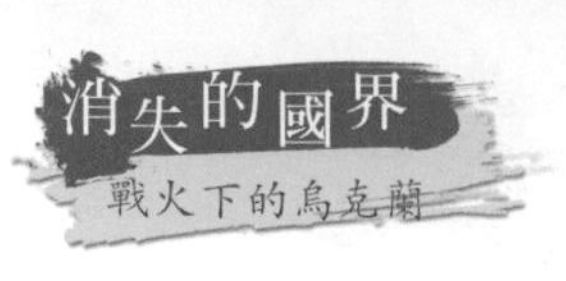

工作量很大，但他們的資源不多。我親眼目睹他們的設備殘破，例如頭盔的護目鏡破一半，防火衣破洞，一名上了年紀、看起來很有資歷的消防員，就坐在一旁「穿針引線」，自己縫防火衣。或許是怕形象不好，看到我們在拍，還硬把身子轉過去。這個畫面讓我有點感嘆，因爲全世界送水、送糧、送錢支援烏克蘭，多數人只把目光放在戰場跟軍隊，這些救難單位的重要性不比前線低，可惜很明顯的被忽視了。

即使環境克難，也沒打退這些弟兄的救災意願，除了少數弟兄請纓上前線，所有人都留在原位，「當戰爭爆發，我們了解每個人都應該在自己的崗位上，在自己的前線打仗。」Martyenko 說話時，語氣中帶著自豪，「我跟我的新聞團隊，我們想要向世界傳達戰爭的後果，我們的人在做什麼、誰是眞正的英雄。如果講到救援者，他們是眞正的英雄！」呼應前面所說，這些弟兄們或許不是打仗的料，但肯定是打火的料，留在國家緊急應變局救援平民，可以幫助國家更多更多。

警察局

類似的情況，也發生在警察局。少數人自願上戰場外，沒有人因爲戰爭辭職或告假離開，而開戰初期工作量大增，烏克蘭內政部也沒有多配給警察員額，敖德薩警察局發言人受訪時以「Hard Mode（電玩遊戲困難模式）」來形容：不僅要維持社會治安、防止宵小趁亂打劫，還要

「抓間諜」跟嫌疑犯，在這座講俄語人口居多的城市，警方花更多心力在追捕親俄份子、接受民眾舉報前往查證，面對無法預期的風險。有了二〇一四年克里米亞被併吞的經驗，烏克蘭平日就在搜集親俄名單，避免戰爭時期跟俄軍「裡應外合」，這也是爲什麼敖德薩沒有被窩裡反、向俄羅斯倒戈的原因之一。在承平與強調自由人權的台灣，相信有些讀者會覺得警方大肆逮捕親俄分子的作法不太人道，我只能說，這就是戰爭。

我要稱讚一下烏克蘭的治安。在這麼動盪的時刻，停留烏克蘭期間我絲毫沒有感受過像西歐國家那種「有人覬覦錢包」、「有人動手動腳」的不好經驗，事實上烏克蘭的犯罪率也沒有因爲戰爭提升，讓警察更能專注在反間諜的工作上。「我們什麼都有，我們不缺任何東西，即便如此，還是有爲數眾多的人民會送來防彈背心、藥品或是食物，有時候多到必須再送給比較弱勢的市民」發言人笑著說。

郵局

如果非戰時期去烏克蘭，我會說，敖德薩郵政總局是一個「必訪景點」。這棟歷史建築保有蘇聯遺跡，大門右側有一面「英雄碑」，由「烏克蘭共產黨中央第一書記、蘇聯最高蘇維埃主席團主席，尼古拉波德戈爾內」頒發，地點是「MOCKBA 莫斯科／克里姆林」。室外室內都有象徵蘇維埃的鐮刀壁雕，室內挑高大廳、淺綠色壁磚，有種懷舊古味。烏克蘭近年逐步推動去俄化，全國跟蘇聯有關的雕像、文物都陸續拆除，敖德薩郵政總局是少數保留住史料的地方。

題外話，我在展示牆上看到一組二〇〇四年發售的郵票，裡面有一艘前烏克蘭海軍航空母艦「瓦良格號」，後來出售轉手，成爲中國解放軍海軍的第一艘航空母艦「遼寧號」，藉此可以看出烏克蘭與中國的關係有多密切。

烏克蘭郵局在戰爭期間，發揮加倍功能。

一，物流：「烏克蘭郵政是烏克蘭最大的物流機構，所有從外國寄來的人道物資，烏克蘭郵政可以遞送到全國任何一個角落，包括被占領的城市」敖德薩郵政總局長Drozd Serhii Yaroslavovich的辦公室門口，就有一張以敖德薩爲據點散射出去的運送路線圖。面對戰爭，郵局所扮演的角色遠遠超過「寄信」這件事，更可以說是「傳遞希望」，除了把援助物資送到災民手中，也讓分隔兩地的家人，可以透過書信聯絡。這聽起來有點老套，但許多地方通信中斷，寫信是一種既可靠又有溫度的聯繫方式。有時候郵局車上還有保險箱，當戰區或前線銀行體系停擺，金流動不了時，就得靠人力把現金送進去。意想不到的是，郵局還身兼搬家工作，甚至降低搬運費用，協助民眾離開交戰區域。

「如果要進入戰區，所有員工都要配戴頭盔、防彈背心，搭特殊裝甲車輛」，局長強調員工安全還是首要之務，一名郵差不僅穿防護裝備，腰際還配一把手槍，而他們多數是男性，也

再度呼應前面章節所提到的概念。我經常跟朋友分享這個郵局案例，我總覺得台灣物流能力之強、速度之快，當重大危機來臨時，發揮「螞蟻雄兵」力量送彈藥、糧秣、醫療藥品分發等等，肯定能達成某些效果。只是不知道台灣郵局跟相關企業，有沒有思考過類似問題。

二，募款：我們從未想過，郵局可以變成一個超大的募款機構，而且很成功！烏克蘭郵政在俄羅斯入侵後，發布第一款「戰爭郵票」跟明信片，是以英勇抗敵、不接受俄羅斯黑海艦隊旗艦「莫斯科號」招降的蛇島軍人爲主角。當時守軍比中指嗆聲「Go Fuck Yourself」，不僅成了烏克蘭人口頭禪，更成爲郵票創作靈感，才推出就在國內大賣，隨後加碼推出國際版，短短三天

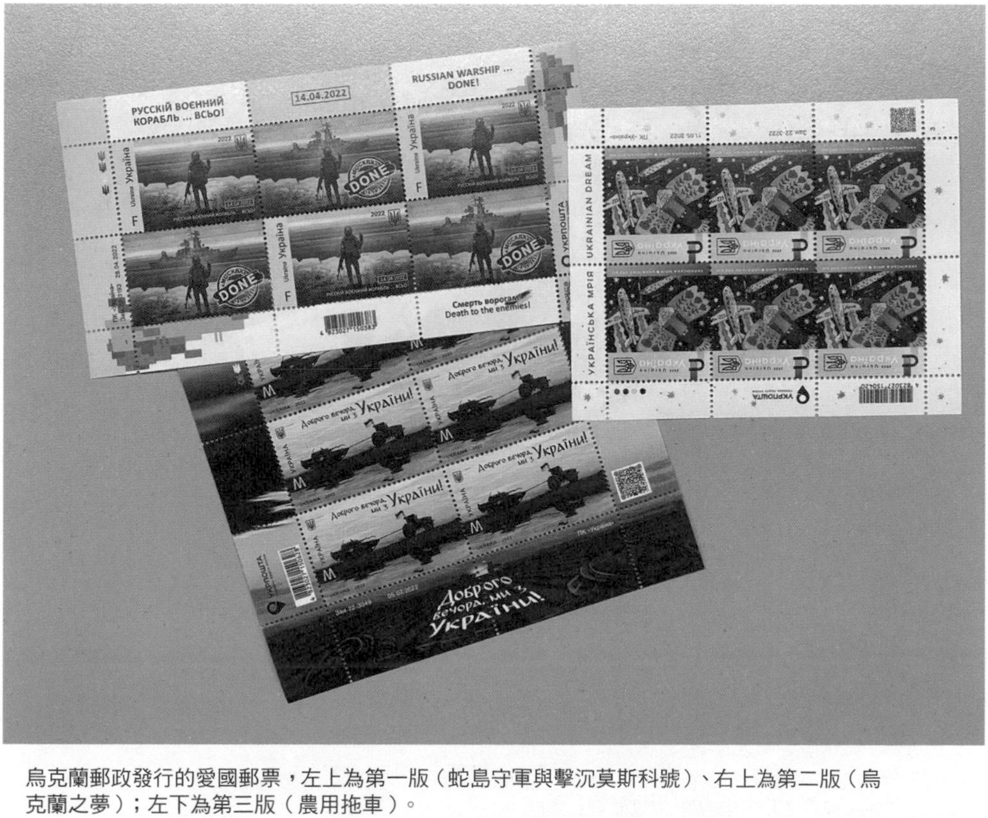

烏克蘭郵政發行的愛國郵票，左上為第一版（蛇島守軍與擊沉莫斯科號）、右上為第二版（烏克蘭之夢）；左下為第三版（農用拖車）。

就賣出一百萬套，替國家賺進大把外匯。意想不到的是，沒多久後，莫斯科號眞的被烏軍擊沉了！郵局趁勝追擊改版，讓莫斯科號從郵票上「消失」，並寫了大大的「DONE（擊沉）」，結果又讓郵票藏家瘋狂！即使國際版一組要價五十美金、折合台幣一千五百元上下，比烏克蘭國內銷售貴很多，五百萬套還是在eBay 上銷售一空。這些所得，全部捐助給烏克蘭國防軍使用。

我們在敖德薩期間，巧遇郵局推出第二款戰爭郵票，是以烏克蘭的驕傲、全世界最大運輸機「AN-225 夢想號」爲主角。這架全球唯一、機身最長、乘載重量最重的運輸機，開戰不久就在基輔近郊的安托諾夫機場棚場內被炸毀，一度引發全球航空迷哀嚎弔唁，烏國總統

採訪團隊與烏克蘭郵政總局郵差、員工合影。左二即是郵差，穿防彈衣，腰間有配槍。
右三是我們的Fixer，安全隱私考量以馬賽克處理。

澤倫斯基曾表態「有意重建」，郵局把夢想號放上郵票與T-Shirt販售，就象徵「烏克蘭有天也會從廢墟中重生」。開賣首日，民眾凌晨四點就去郵局門口排隊搶購，免不了爲了爭奪郵票，彼此起口角、跟郵局員工大呼小叫的場面。第二款首發三百萬套，當天就宣告賣光。

我們歸國後沒多久，烏克蘭郵局推出第三款郵票，這次主角是「農用拖車」。許多俄羅斯的戰甲車不是被破壞，就是缺乏油料，或卡在融雪的泥土中動彈不得，最後慘遭烏克蘭「農用拖車大軍」拖走，狀況好的就送進保養廠重新噴漆，由烏克蘭軍方「收編」；殘破不堪的，就直接送進回收廠，論斤秤兩當廢鐵賣。這些超高人氣的拖車，在網路上變成各種迷因圖，從拖戰車、到海底拖莫斯科

烏克蘭郵政發行第二款戰爭郵票的記者會。敖德薩郵政總局長Drozd Serhii Yaroslavovich親自在明信片上簽名，身上T-shirt與郵票樣式相同。

號等等無奇不有，難怪成爲第三代戰爭郵票主角。未來官方肯定會推更多版郵票，我們拭目以待。

三，寄情：在郵票開賣現場，多數人不是急著拍照打卡、炫耀，而是馬上貼上明信片，現場寄出。有些人是寄給外國的友人，明信片上面寫「大大感謝你對烏克蘭的支援付出」，還有一位媽媽，寫信給她正在新訓單位受訓的兒子，卡片上寫著「我的兒子，請你活下來，不僅是爲了我，也是爲了你的孩子」，另外還有一對媒體同業，他們並沒有在卡片上寫字，只是想把最新的郵票寄給在前線採訪的戰地記者，「他們在尼古拉耶夫採訪，我沒有辦法到那裡去，但我想寄給他們一些正向的東西，鼓勵他們」。這些「溫度」，是手機視

我們與烏克蘭媒體同業合影，他們要把新版郵票、明信片寄給在戰地採訪的朋友。筆者與攝影身上穿的，則是第一代郵票樣式。

訊、簡訊遠遠比不上的溫情。

筆者位於基輔獨立廣場的「萬國旗牆」前拍照紀念。中華民國國旗位於中間偏左上。

參戰的台灣人們

基輔獨立廣場前，有一面「萬國旗牆」，這牆面上貼了五十七個國家（或政治實體，如香港）的旗幟，代表來自五十七個國家的勇士，投入烏克蘭的國土保衛戰，而在左上角的位置，就是一面顯眼的青天白日滿地紅。開戰以來，我們陸續聽聞有台灣人出發，有些人因爲接受訪問而曝光，還有許多人瞞著家人默默前行，就我了解，也有部分從海外直接飛去烏克蘭，具體人數多少？官方沒有數據難以確認，但萬國旗牆上每一面國旗，都有非官方統計的參戰與死亡人數，台灣國旗上寫的是「十人在此（10 Here）」。直到截稿時，我確認還有台灣戰士在最前線與外籍兵團並肩作戰，其中一位年輕人是眞正經歷過砲擊、壓過地雷、拿過各國兵器、受過無人機訓練，受到部隊長官重用還被提拔升官。基於保護的理由，我無法提供太多他的資訊，在此由衷敬佩他的勇氣與毅力。令人難過的是，二〇二二年十一月初，一位來自花蓮的曾姓志願兵在一場頓巴斯的作戰行動中，遭到敵軍坦克攻擊，後腦杓重傷當場殉職。這也是開戰以來，首位殉職的台灣人。

我訪問的台灣兵是「老莊」。

老莊這個人很有意思。他原本是一位日本線導遊，日語溜的不得了，但是疫情後出不了國，索性先去讀研究所進修，然後烏俄戰爭爆發，給他一個全新的人生目標。「我本來跟家人說我

著名的基輔獨立廣場。正中央是獨立紀念碑，上頭有一位斯拉夫母神「貝利黑那亞」，左方即為萬國旗牆。獨立紀念碑的正後方是基輔飯店，開戰初期外國媒體都在這間旅館高樓層連線。

每一面國旗右下角，都有一個「參戰」與「陣亡」統計數字。當時非官方統計有 10 位台灣人在烏克蘭作戰或後勤協助。

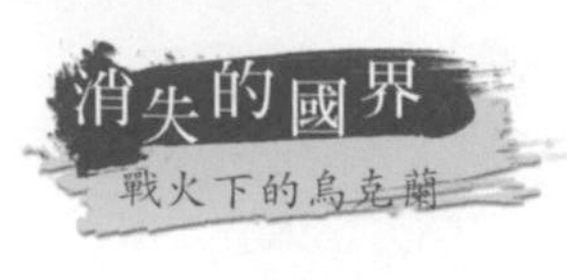

要去波蘭邊境煮飯給難民吃，他們覺得ＯＫ」，殊不知老莊已經寫信給烏克蘭駐日大使館報名外籍軍團，只花幾天就獲得同意，而他在烏克蘭的消息，還是因為四月中有次跨越波烏邊境運送台灣捐助的藥品，被目擊背著「成功高中」書包而曝光。有趣的是，因為他當時是透過烏克蘭駐日使館報名，結果被誤認為「日本人」，從一開始就跟日本籍志願軍編在同一小隊，因此非官方數據上的五位日本人，其實有一位是老莊。

他是參與基輔保衛戰的人之一。

最早期加入國際軍團不需要嚴格審核，只要有軍事經驗即可，因為俄軍勢如破竹進逼基輔，非常需要國際勇者協防。「當時路上一輛車都沒有，到處都是路障拒馬，獨立紀念碑的基座堆滿沙包」老莊帶著我們重遊「基輔保衛戰」場地，每一個沙包、拒馬都有故事。「當時氣氛不只緊張，還有一堆槍聲砲聲，在河對岸那邊」、「裝甲車擺在路中間，我們也沒想過到底守不守得住，既然前面在拚，我們就幫忙守住這個城市。」

由於不是專業戰鬥人員，老莊被分配到站崗跟巡邏，他盡己所能地做好本分。等基輔保衛戰危機緩解後，他隨著部隊前進烏克蘭第二大城哈爾基夫幫忙搬彈藥，也擔任連長的駕駛兵跟伙房兵，老莊笑說「我覺得我在烏克蘭期間，我的廚藝變好了」，據說他做的台灣料理很受連長賞識，尤其是滷雞腿，長官還呼籲他戰爭結束後留在烏克蘭，在基輔開一個台灣餐館。後期，老莊離開戰爭前線，專心負責後勤，有時背著「成功高中」書包穿越波烏邊境，幫忙運送台灣捐贈的藥品，其實他跟這所高校沒什麼關係，只是覺得有「勝利成功」之意，加上上過戰場後包包還在、人還活著，就被他視爲一種幸運符。直到八月底回到台灣前，老莊共自掏腰包二十幾萬台幣，在當地採購補給物資送到基輔郊區、博羅江卡一帶，獨自一人協助當地災民。意想不到，當地人感謝他的詞語，竟然是「Taiwan Number One」，他笑說「我從來沒教過他們這幾句話，是他們自己從線上遊戲學來的！」

我問他，到底爲什麼要去這麼危險的地方？是一種使命感？還是追求一種刺激？老莊的回答非常務實：「假設台海爆發戰爭，爲什麼美國人要讓他們的

烏克蘭郵政 2004 年發行的郵票，最下方的瓦良格號航空母艦，就是現今中國解放軍海軍的遼寧號航空母艦。

子弟兵來幫台灣作戰？在我們被幫忙之前，要先讓自己有『被幫』的價值。」下一句話更打動我，「我們不能只是等著人家來救的『巨嬰』，而是要先伸出援手。」

對他來說，在烏克蘭學習到最重要的經驗，是如何戰鬥、如何保護自己，以及結交朋友。

「一開始的時候最危險，戰場上滿常是一比六，烏克蘭打一發出去，俄羅斯打六發回來」，經歷過無數次俄軍砲擊，他已經練就「聽聲辨位」的能力，「砲彈打出來的時候，會先聽到『砰』一聲，然後仔細聽，如果越來越大聲就要趕快找掩蔽，如果飛遠了就沒關係。」老莊笑說自己經歷這一役，膽子都變大了，「砲彈砸到身上的機率其實也不高，躲在掩體下方、據點下方、壕溝裡面，要命中也滿難的，如果會中，就是你太衰了」，根據他的經驗，

獨立廣場「我愛烏克蘭」的標語前，都還放有拒馬，因應俄軍隨時可能的攻擊。

頭盔比防彈背心更重要，除非槍砲子彈直接擊中身體，不然各種破片對頭部更致命。「我們需要學習怎麼戰鬥、應該做什麼，如果不戰鬥要怎麼保護自己，這些都很重要。」

他甚至認爲，像基輔這麼大的城市在經歷砲火洗禮後，都能存活，對台灣就更有信心，「你想想看，基輔被大軍包圍都能撐下來，台灣還有海峽，怎麼可能撐不下去？」對於這個觀點筆者抱持保留態度，因爲台灣四面環海，防守上既是優勢、也是劣勢，這在後面的章節會再進一步說明。

老莊另一個收穫，就是結交來自各國的朋友們，他的單位裡頭有瑞典、法國、哥倫比亞以及荷蘭人，尤其是烏克蘭當地人民，「本地人都知道台灣，看到我來都很高興，對於台灣處境跟烏克蘭一樣感同身受」，在一場場戰役

老莊身上的行頭很有意思：烏克蘭軍方的小帽、台灣陸軍迷彩內衣、烏克蘭陸軍迷彩褲、充當「忠誠包」的成功高中書包。

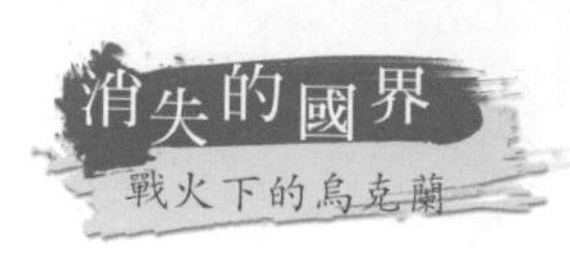

中他們累積革命情感，戰友們甚至說：

「如果台灣有事，我們台灣見！」

空有熱血的青年

我在採訪過程中也遇過一些滿腔熱血、只想去烏克蘭「赴義」的青年。通常我在約訪時都會告訴對方，在他們入境烏克蘭之前，要好好想一想，畢竟我們在當地沒有代表處，也有許多訊息顯示，有些外籍兵是抱持「殺人」的態度而去的，這些動機不純的「隊友」，有時候連自己人都不放過，何況是非專業戰鬥人員這種「拖油瓶」。只要我知道我聯繫的對象，沒有實際戰鬥經驗，我就會呼籲他再三考慮。其中一個年輕人，不知道如何買機票轉機、不知道入境波蘭的防疫規定，只知道抵達華沙後會有人「接應」；不曉得要帶什麼東西、沒有任何心理準備，沒有任何軍事訓練，更誇張的是，對我的提問毫無戒心，我當時眞的很擔心如果上了戰場，他能夠撐多久？結果他在新加坡轉機時，因爲文件問題，被拒絕搭乘下一班飛往波蘭的班機。對我來說，雖然少了一位訪問對象，但我眞心感謝上蒼，我覺得老天保住這位小朋友的性命。

烏克蘭的「台灣隊」

就我所知，台灣除了極少數媒體記者進入烏克蘭，後來也陸續有一些民間組織以人道救助的名義入境，停留時間都不長，多數送完物資後就離境。不過，有一個台灣隊伍從開戰之初到現在都在，他們是「台灣隊」。

這個台灣隊很有意思，雖然名爲「台灣」，成員全部都是烏克蘭人。原來多年前一位台灣人林先生與他的烏克蘭太太林歐莉亞，在基輔近郊城市教中文，培養不少學生；近年他們兩人移居台灣，仍與當地學生保持聯絡，也有少部分學生，例如我們的地陪 Bohdan、Anna 夫妻曾經來台灣念書、工作過，不僅中文流利，也非常適應台灣快節奏的工作

台灣隊成員於接收病床後，高舉兩國國旗與感謝海報向台灣致意。（台灣隊授權提供）

台灣隊成員披掛我國國旗，檢驗接收的 150 張病床。（台灣隊授權提供）

模式。開戰後這群師生就「兩地連線」，由台灣這方募集資金或物品，寄送到烏克蘭，再由當地台灣隊成員與合作夥伴，一起去發送。截稿前最近一次大型募捐，是台灣集資購買一百五十張病床運去基輔，改善當地醫療環境，以利接收治療更多戰場傷兵，這個義舉受到當地媒體注意，台灣隊成員還披掛我國國旗接受訪問。

台灣隊代表 Bohdan（左）、Anna（右）接受烏克蘭當地媒體訪問。（中圖）
台灣隊與裝箱的 150 張醫療病床合影。（台灣隊授權提供）

我們跟「台灣隊」去送過一次物資。坦白說，烏克蘭除了剛開戰時比較混亂，後來國內物資並不如外界想像的缺乏，水、乾糧、肉品甚至零食等等，大賣場幾乎都買得到，最大的問題還是運輸以及資源分配不均。許多援助團體經常以「雨露均霑」的方式發放物資，一來容易「濫發」、無法滿足災民眞正需求，還可能被有心人士攔截轉售。台灣隊作法就實際的多，他們會先研究哪個城市村莊、最欠缺什麼樣的東西，然後才「重點投藥」去採購物資，例如我們前往博羅江卡，當地無法洗澡淨身，台灣隊就準備洗髮精、沐浴乳、毛巾跟少量乾糧，一包一包分裝，外頭貼上「Taiwan Stands with Ukraine（台灣與烏克蘭站在一起）」貼紙，開車前往當地，親自交付有需要的人手上。他們還有一件台灣隊的制服背心，正面寫「Taiwan Can Help（台灣可以幫忙）」、背面是台烏兩國國旗。發放物資的過程中可以機會教育，如果居民對台灣產生好奇，他們就會介紹台灣，Bohdan說：「最好的方式，是跟他們說，台灣與中國現在與烏克蘭、俄羅斯的關係差不多，他們就會理解爲什麼台灣人要幫他們。」

發放物資的過程中，我們遇到一位騎機車的阿公，少了一條腿，牙齒也掉了不少，儘管講話模糊不清，我們可以清楚感受他的親切善意。如果回到冷戰時期，這位阿公可是「民主陣營的敵人」呢，在紅軍服役時，他認爲「蔣介石是壞人」，並且知道蔣介石後來到了台灣。但這次看到台灣記者來訪，他不但祝福我們，還突如其來把我的臉湊過去親臉頰，這個舉動讓我嚇了一大跳，因爲我前面說過，烏克蘭人可是有距離感的，很少有這樣親密的肢體接觸，因此我

台灣隊的白色背心制服，背面是兩國國旗，以及「與烏克蘭站在一起」。

台灣隊包裝的救援物資，上面也會貼一張台烏友好貼紙。

台灣隊捐贈物資跟當地災民，左一為 Anna、左二為 Bohdan，右三是我們的駕駛也是非常活躍的救援志工。

博羅江卡居民接受台灣隊的物資捐贈。希望這些能夠稍微緩解他們生活上的困難。

感受到的是，阿公對我們展示他最大的善意，以及對台灣處境感同深受。

對我們非常友善的老先生，親吻筆者的臉頰表示善意與支持。

升溫的台烏關係

基於政治因素，台灣過去與烏克蘭的關係非常淺薄，台灣在烏克蘭沒有設立辦事處，僅貿協在基輔設有台灣貿易中心。以前如果台灣人要去烏克蘭，必須透過第三地如中國大使館辦理簽證，或是透過旅遊業者代辦；如果烏克蘭人民要來台灣，必須先到我國駐莫斯科代表處去辦理簽證，這在開戰後引發很大的反彈，因爲他們不可能再去「敵國」拿簽證，幸好外交部後來把簽證作業移去波蘭，才解決這個問題。

即使外交部與基輔市、布查市、東正教大牧有正式互動，烏克蘭國會議員也在二〇二二年十月首度訪台，我國與烏克蘭中央政府始終受制於「烏中關係」無法進一步發展。就我私下了解，我方其實能「直通」烏克蘭政府的核心圈，但考量國際現實的問題，我們很難看見雙邊關係瞬間升級，反觀民間戶動早就升溫了。

最具體的例子，就是我在四月底收到的一組照片：那是在敖德薩街頭、中國駐敖德薩領事館五十公尺外的牆面，畫了兩隻貓，一隻穿著烏克蘭傳統服飾，另一隻穿著台灣泰雅族的服飾，左手臂還有一個「台灣」形狀的刺青；兩隻貓彼此握手，最下面一行字寫「堅定的盟友」。這組照片曝光之後，引發很大的迴響，因爲這是烏克蘭方面第一次如此具體表達對台灣支援的感謝。

位於敖德薩街頭的塗鴉，左邊寫著 UKR 代表烏克蘭，右邊 TWN 代表台灣。

穿著烏克蘭傳統服飾與台灣泰雅族傳統服飾的貓咪彼此握手，象徵堅定的盟友。

我們抵達敖德薩後，當然就要去拜訪「幕後畫家」。這群街頭藝術家名為 LBWS，成團至今超過十八年，名稱在烏克蘭語是「更好、更快」字母的縮寫，以「貓」的形象在街頭巷尾留下創作。俄國入侵前，他們的塗鴉跟城市意象比較有關，但戰後變「愛國畫家」，讚揚烏克蘭國防軍、把俄國軍艦折成兩半等等，廣受當地人喜愛。等我們抵達後，LBWS 成員帶我們去創作第二幅對台友善的塗鴉，這次更「台」了，是一隻可愛的大橘貓，擁抱一個藍色愛心、愛心當中有一個綠色台灣地圖，上面寫「TAIWAN」。不僅如此，他們用中文寫「阿娘喂！拎北愛台灣」讓我驚喜連連！

LBWS 早期在街頭的創作，跟城市意象比較有關。另外，街頭經常可以看到藍黃配色的噴漆。

「台灣幫了烏克蘭很多」LBWS 成員受訪時，解釋爲什麼要畫台灣，「台灣寄給烏克蘭很多人道幫助，不只是物資，還有捐款，這是我們對台灣援助的眞誠回應」，LBWS 說，既然要感謝台灣，就要有一些文化呼應，「台灣人很熟悉『阿娘喂！拎北愛台灣』，我們畫這個，象徵我們了解彼此」。我好奇問他，你怎麼知道這些字眼？因爲這實在太台了！結果他說，他們是從 Google 搜尋「台灣迷因」，然後跟台灣朋友求證，台灣朋友也說「對啊！這在台灣很有名」，這個原因讓我當場噴笑！

「或許這些字眼，能讓我們的關係更緊密」，話鋒一轉，LBWS 說出創作背後另一個目的，「我們的歷史很相似，台灣跟中國，烏克蘭跟俄羅斯，諸如此類」。仔細想，台灣跟烏克蘭都遭受強大的鄰國威脅，歷史血緣上也跟

用噴漆罐寫下「拎北愛台灣」。中文字對 LBWS 比較困難，他們必須要比對手機才能畫。

這些強國淵源深厚，難怪有越來越多烏克蘭人理解或想要認識台灣。當我們歸國之後，遇到九二台海危機以來，中國對台灣最大的軍事演習，我就收到不少烏克蘭朋友傳訊息來關心台海狀況，當地媒體報導台灣，還有前線軍人發限時動態呼籲大家關心台灣的安全。

遠在地球另一端的台灣，旅居台灣的烏克蘭人成立「Ukraine+Taiwan Forum（烏克蘭台灣論壇）」、「烏克蘭之聲（Ukrainian Voices）」雙向傳遞烏克蘭與台灣消息，讓彼此更了解對方，另外也有烏克蘭「女力」Divchata Power 把台灣的支持直接傳遞給烏克蘭女性英雄，前文所提到的台灣隊、基督教長老教會、部分國會議員以及民間團體，透過不同管道布線，在這個我們

令人莞爾一笑的「阿娘喂！拎北愛台灣」。

過去相對陌生的國家，拉起一條條友誼線。

根據我過去跑外交新聞的經驗，外交就是「廣結善緣」、盡力交朋友。台灣在東歐跟西亞、中亞一帶，政治環境深受中國影響，發展雙邊關係非常受限，不過我們可以盡量讓對方了解台灣、不排斥台灣，進而支持台灣。要看到台灣跟烏克蘭互設辦事處，需要很多努力嘗試，尤其是對方有突破的勇氣，現階段我們樂見民間有更多交流，「從民間包圍中央」，倘若在台海爆發危機時，我們願意相信也期待烏克蘭能夠支持台灣。

LBWS 早期在街頭的創作，跟城市意象比較有關。另外，街頭經常可以看到藍黃配色的噴漆。

LBWS 的愛國創作，一隻烏克蘭的貓咪，把俄羅斯軍艦折成兩半、戰機墜毀。

難忘的烏克蘭色

如果我今天不是來採訪，不是在戰爭期間來，我會愛上這個地方。因爲從踏入烏克蘭那一刻開始，你就會看到滿滿的烏克蘭「國旗色」：上藍下黃的組合景色。這個藍黃色的搭配眾說紛紜，究竟是天空藍搭配小麥黃？還是搭配金色向日葵花田？各方說法都有。無論是哪個，這個配色彰顯出烏克蘭身爲「歐洲麵包籃」的重要角色，我曾經被路邊的金黃色小麥田景緻驚豔，聽著小麥搖曳發出娑娑聲；也因爲目睹一株株比手掌還大的向日葵花朵，感到新奇。即使筆者年輕時也瘋過台灣的各種花海，說實在，跟烏克蘭比眞是「小巫見大巫」。

但有時候，我們會被這片景色中隱藏的「彩蛋」嚇到：車子開一開，窗外突然出現一道又長又深的壕溝，根據規定我們不能拍照，不過讀者可以回想戰爭電影裡面的場景，大概就是跟第一、二次世界大戰的壕溝差不多，深度超過一個人的身高，還看得到軍人在裡頭跑步戰備。在路邊，三不五時會看到躲在樹下、用僞裝網隱藏起來的裝甲車或坦克車，或軍人扛著標槍飛彈；公路沿線，經常看到豎起告示牌警告「生人勿近」，原來俄軍入侵後，在田間或鄉間埋下大量地雷，烏克蘭軍方來不及清除，只能先立牌警告。這種美麗景緻暗藏殺機的場景，也出現在敖德薩海灘。在戰前，敖德薩是知名的度假勝地，吸引許多歐美國家旅客到訪，要訂到一間旅館「有錢也未必搶得到」，不過當我們面著黑海、享受碧海藍天時，沙灘上立起一個個「骷髏頭記號」，警告民眾不要靠近沙灘，因爲烏克蘭軍方阻止俄軍搶灘，早在沙裡埋下大量地雷，

黃昏夕陽下的小麥田，一片金黃色小麥與湛藍天空，形成烏克蘭的國旗色。

小麥田與烏克蘭東正教教堂。

小麥麥穗。隨風搖曳下會發出娑娑聲，非常悅耳。

另一種烏克蘭國旗色，是遙望無際的向日葵花田與純藍天空。

曾經發生從外地逃難而來的烏克蘭人，不聽勸告、無視警告，結果被炸死。

基輔廣場的俄軍殘骸展示

因爲戰爭的關係，所有烏克蘭的觀光景點，都多了一些戰地氛圍。位於基輔獨立廣場附近，聖米迦勒金頂修道院旁的大廣場，變成「俄軍戰利品」的展示博物館。被摧毀且燒成焦黑的俄羅斯主戰坦克 T-90A、自走砲、空降兵戰鬥車、聖甲蟲飛彈殘骸等，從戰場前線運到市區讓國內外民眾參觀，前方立有烏克蘭語、英語的解說牌，想看更多還有 QR Code 可以掃描。讓我印象比較深刻的，是一輛「BMD-4M 空降兵戰鬥車」，它是在基輔近郊的安托諾夫機場被擊毀，這是開戰初期俄軍以空降兵奪取機場、試圖建立轉送據點，快速攻占基輔的證明。不過這輛車只剩一座砲塔，這種砲塔與車身分離的情況，我們軍事

敖德薩海灘豎起的骷髏頭標誌，警告民眾沙灘埋有地雷，不得靠近。（上圖）
敖德薩海岸邊的救生員塔台。望著黑海與藍天、迎來和煦海風，悠閒興致與當下戰爭狀態格格不入。

基輔聖米迦勒金頂修道院旁「奧爾加公主紀念碑」，已經被沙包完全覆蓋保護。烏克蘭開戰初期，很多紀念碑都以這種方式保護。上面還有一個「WORLD HELP US(世界救救我們)」的布條向全世界喊話。

俄羅斯聯邦「PANTSIR-S1自走防空飛彈系統」。根據解說牌，這輛防空車於烏克蘭切爾尼戈夫(Chernihiv Region)被摧毀。自從入侵以來，俄軍損失至少七台此型防空車輛。

俄羅斯聯邦「PANTSIR-S1」防空車輛操作射控系統的內部空間。

俄羅斯聯邦「T-90A 主戰坦克」。根據解說牌，這輛坦克在蘇梅市（Sumy City）被摧毀。計算到 2022 年六月，俄軍損失至少 19 輛 T-90A 主戰坦克。

俄羅斯聯邦「152 毫米 MSTA-S 自走砲」。根據解說牌，這輛自走砲車在蘇梅區 (Sumy Region) 被摧毀。計算至 2022 年六月，俄軍損失至少 50 輛 MSTA-S 自走砲。

俄羅斯聯邦「BMD-4M 空降兵戰鬥車砲塔」。根據解說牌，這輛戰鬥車在基輔近郊的安托諾夫機場 (Antonov Airport)，遭烏軍的集火砲擊下摧毀。這種砲塔與車身分離的情況，就是俗稱的「開罐頭」。

俄軍陣亡士兵的軍服與軍靴。

俄軍陣亡士兵的軍服與鋼盔。

俄軍陣亡士兵的手套。衣服上還有明顯血跡。

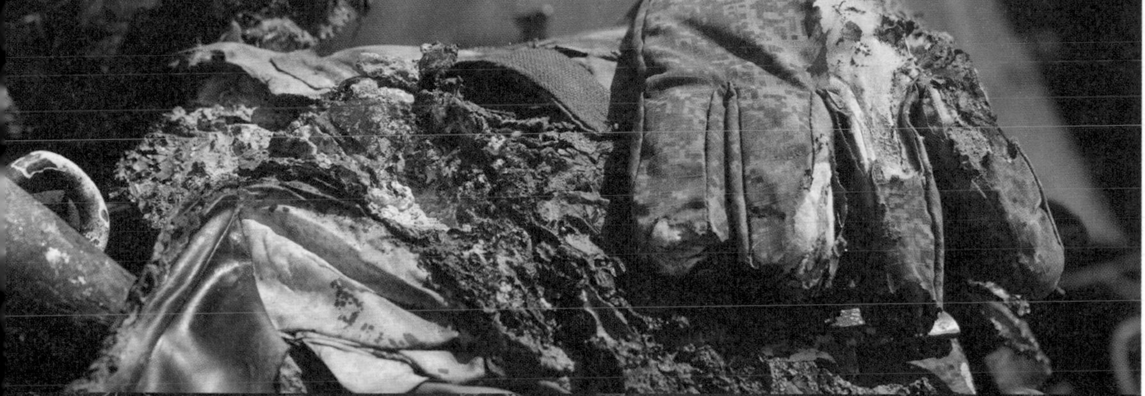

俄羅斯聯邦裝甲運兵車車廂。原本的座椅區已經與車廂脫落，內部一片焦黑。

俄羅斯聯邦裝甲運兵車駕駛艙。

俄羅斯聯邦「OTR-21 圓點戰術彈道飛彈」的彈體。北約代號為「SS-21 聖甲蟲」。

烏克蘭民眾當觀光客「逛」俄羅斯戰利品廣場。

烏克蘭民眾利用休假空擋，攜家帶眷參觀被摧毀的俄羅斯武器。

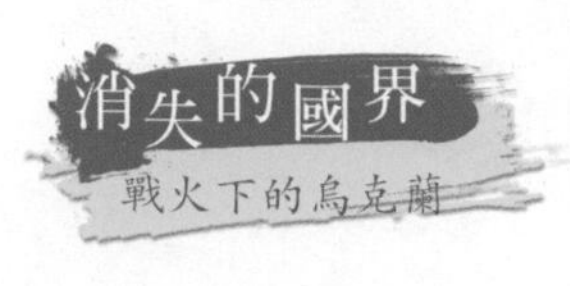

俗稱「開罐頭」。過去我只在書本上看過，這是我第一次看到被開罐的裝甲車輛。許多基輔民眾的「休閒活動」就是來看這些敵人武器以及俄軍士兵的遺物。二〇二二年八月二十四日獨立日前夕，基輔更封街舉辦展示活動，沿著馬路擺放俄羅斯武器。過去我們只能在博物館裡看到戰爭結束殘留的軍事裝備，但當我現場看著民眾喝飲料、拍照參觀這些「熱戰」下的武器陳展，有種超現實、說不出的奇妙感覺。

世界糧倉

根據統計，全世界十一%的小麥、十二%的玉米、四十三%的葵花籽油來自烏克蘭，稱之為「世界的糧倉」毫不為過，尤其戰前烏克蘭與俄羅斯所供給的小麥產量，左右全球糧食安全，這也是為什麼烏俄戰爆發後，聯合國祕書長古特雷斯（Antonio Guterres）警告，烏俄戰爭會導致全球糧食、食用油、燃料與化肥因為短缺而漲價，加劇貧困國家的糧食、能源跟經濟危機。南亞國家斯里蘭卡，就因為糧食問題間接導致國家破產。

我們到訪期間，烏俄雙邊還沒有針對黑海出口糧食達成共識，當時敖德薩港口完全被封鎖，他們唯一突破的方式，就是改用陸路運輸。我們曾試著走過這條路徑，跟著貨車沿州際公路往鄰國摩爾多瓦，或是開進波蘭、羅馬尼亞，透過這些國家的公路轉往其他國家，或是運到該國港口，從地中海跟黑海出貨。但是跟敖德薩港出口比起來，這些替代道路路線長、輸運量小，無法滿足國際需求。烏俄雙邊一度在土耳其中介下達成糧食出口協議，但在恢復出口前幾天，俄羅斯又空襲敖德薩港，我聽到的第一個反應就是「俄羅斯這個國家眞不可信。」

救他人之前，陷入戰爭的烏克蘭還是要照顧自己的同胞。

根據世界銀行統計，二〇二二年烏克蘭糧食的「播種面積」一千三百五十萬公頃，比往年少了三百三十八萬，光播種就減產兩成，而且種植過程中，還會頻頻遭到俄軍砲火鎖定，不是被燒成灰燼，就是被俄軍占領。「我們這附近有爆炸聲，我們都聽得到，但幸運的是，是我們的防空武器發揮了作用」一名農場負責人 Shumeiko Aleskandrovich 接受我們訪問時，證實他

我們拍攝的農田，最主要的作物是向日葵與葵花籽油，另一側有馬鈴薯與番茄、洋蔥。圖片中的拖車，就是戰爭期間廣被做成迷因圖的農車。

即將收成的向日葵，每一朵都比手掌還大。

農場園主 Shumeiko Aleskandrovich。

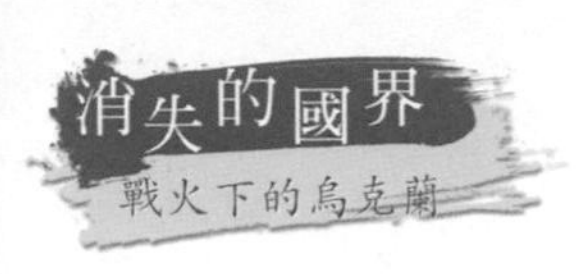

們的風險，也難怪我們從一些新聞畫面上，可以看到農夫下田還要戴鋼盔、穿防彈衣。更危險的是收成後的農糧品「庫房」，不論小麥等糧食還是青菜蔬果的倉庫，都是俄軍的目標，應對方法大略分爲兩種，一種是把農產品放在不同倉庫、分散風險，另一種是直接放上貨櫃車，讓每一輛車都變成「移動穀倉」。

我們目睹從產地到銷售的這個轉運過程。他們從產地收成之後，就送到各州進行大盤交易，以敖德薩來說，農民把整貨櫃的車送去集中場所，這個地方有點類似台灣的北農，這個地方因爲安全考量，外觀也不允許拍攝。各個農家就在自己的貨櫃車前進行交易，中盤商或超市業者前來批貨，交易完成就把農產品從貨櫃車移到小貨車，再送往各地市場或超市販售。在這樣特殊的「農產網路」，他們既能提高安全保障、不被俄軍鎖定，若大盤商交易所被飛彈襲擊，各輛貨車也能夠馬上移動撤離，減少傷害，更可以把戰備存糧存放民間，維繫烏克蘭自身的糧食與產物安全。

穩定當地農糧物資的另一個做法，就是調整產地供給。

敖德薩的農產品，原本大量來自尼古拉耶夫跟赫爾松，前者提供小麥、後者供給溫室蔬果，但是因爲戰爭導致運輸困難，加上這兩地被轟炸的機率很高，因此逐漸改由本地農夫進場、支援敖德薩本地需求，降低這兩地輸送風險。我們拜訪農田的園主就說，「因爲戰爭，我們不再出口農產品，我們優先餵飽烏克蘭人。」值得玩味的是，當時赫爾松被俄軍占領，農品要如何穿越軍事衝突區域，並且送進敖德薩？據說是農民以少量物資「交換」通行權，畢竟如前所述，俄羅斯軍方的後勤補給狀況非常差勁，因此可以說是各取所需。

倘若眞有需求，他們也可以從國外進口，例如敖德薩的紅蘿蔔，就來自土耳其。可以想像，烏克蘭跟西方國家的邊界並沒有關閉，俄羅斯也不會、應該也不敢打到歐盟國家的邊界上，烏克蘭既然有辦法輸出物資，當然也可以反向從國外進口。我在烏克蘭時，並沒有感受物資短缺，走進超市賣場，買米、各式肉品、漁貨、蔬果類、民生用品等，基本上都不缺，價格或許微幅上漲，但這是因爲油價提高、油量不穩所導致，並不是因爲缺乏而上揚。

烏克蘭的中盤商正在把土耳其運來的紅蘿蔔運上貨車，準備送往其他地方銷售。

圖片中的馬鈴薯大多產自敖德薩。

圖片中的蕃茄來自赫爾松、小黃瓜來自尼古拉耶夫。

圖片中的洋蔥大多產自敖德薩。

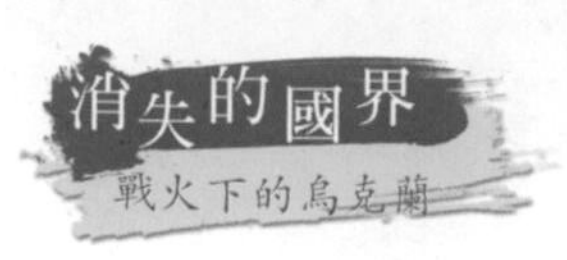

烏克蘭的俄國情懷

烏克蘭跟俄羅斯的歷史，眞的可以用「剪不斷，理還亂」來形容，雙邊關係最早可以追溯到基輔羅斯時期，爾後雙邊一直以類似「兄弟之邦」的概念互動交流。但是蘇聯解體之後，烏克蘭開始發展與西方國家關係，走出截然不同的發展道路，開始讓莫斯科當局警覺，也才會提出「北約東擴」的說法，阻止烏克蘭加入北約、不讓北約軍隊開到「家門口」。二〇一四年，俄羅斯併呑克里米亞、支持烏東分離主義把持的「盧甘斯克」與「頓內次克」，讓烏克蘭陷入長期戰爭，原本支持俄羅斯的烏克蘭人，更反省思考自己的國家定位，二〇一五年，烏克蘭發布「去共產化」法令，下令移除共產時代的紀念碑、涉及共產主義的街道跟場館，全部正名，而二〇一八年，烏克蘭政府推動進一步的「去俄化」。二〇二二年二月二十四號，烏俄雙邊關係決裂，位於基輔的「友誼拱門」劃上一道閃電般的裂痕，拱門下方原本有一座兩國人民友誼銅像，更被連根拔起。就在我書寫這本書時，這個紀念碑附近遭到俄軍轟炸，雙邊關係「回不去了」。

至今，整個烏克蘭仍有三成人口，以講俄語爲主。

我們拜訪的敖德薩，過去就是非常典型的「親俄城市」。敖德薩最早一七九四年列入俄羅斯帝國版圖，是蘇聯時期的「英雄城市」，也是蘇聯造船重鎭，除了官方，當地仍然以講俄

位於基輔、紀念烏俄友誼的「友誼拱門」，上面多了一道裂痕。
下方原本是一座兩國人民友誼銅像，已經徹底拆除。

近看友誼拱門的裂痕，猶如一道閃電。

從友誼拱門俯瞰基輔市區街景。經歷過基輔圍城跟轟炸，
整體並沒有被摧毀得很嚴重。

位於基輔的圓環，有烏克蘭與歐盟旗幟，正中央是北大西洋公約組織的標誌。烏克蘭正努力成為歐盟的一員，已經於 2022 年 6 月 23 日取得「候選國」地位，但加入北約仍是條漫漫長路。

語人口居多，如果跟基輔或利沃夫比起來，這裡城市街道的感覺，的確跟我們熟悉的西方國家很不一樣。就一個外國人而言，要分辨俄語跟烏克蘭語並不容易，但是來看路上的車子吧！很多是蘇聯時期俄國品牌、烏克蘭車廠製造的拉達（LADA），而烏克蘭也是當時，唯一能夠生產車輛的蘇聯加盟國家。車型跟間諜片裡面看到的老車有點像，車身不大、車頭方正甚至有點突出，沒有冷氣，車廂空間不大，有時候會看到好幾個大男生塞在一台車裡。當地有個說法，如果一群人要出遠門，會集資買一台拉達，開到目的地的時候，車子可能也壞了，就直接把車拋棄。你也更容易在敖德薩看到許多戰爭博物館、地下坑道，還藏有蘇聯的影子，前面提到敖德薩郵政總局下的防空洞，就是其一案例。

敖德薩地方活動中心。左邊有一位蘇聯太空人的畫像。

排隊等待加油的敖德薩車輛。藍色這台就是拉達汽車。

橘色的拉達汽車。看起來特別有「古味」。

我們特別去拜會一個俄羅斯文物館，這個場地，前古巴領導人卡斯楚曾經拜訪過，還在門口留下他的足跡。踏進園區時，有蘇聯時期的裝甲車輛、各種巨型人物雕像，最有意思的就是館長本人。他叫做 Serghii Anatoliyevich Novitskiy，是一位看起來很嚴肅、但相處起來很有親和力的中年男子，據說他平日穿得很「藝術家氣息」，但是爲了我們的到訪，特別穿上一套白色西裝，這也再次展現烏克蘭人有多麼重視「形象」。

「發生這場戰爭，坦白說，我很心痛，也很難過」Serghii 嘆了一口氣，從手提包中撈出各種傳家之寶，是他祖父在第二次世界大戰期間，一九四一年

俄羅斯文物館館長 Serghii Anatoliyevich Novitskiy。

照片左方為Serghii的祖父，這張照片紀念紅軍打入德國柏林。

Serghiii祖父獲得的三面紅軍勳章。

開始替紅軍出生入死的各種勳章。「我的祖父曾經跟紅軍並肩作戰，一路打到柏林」、「在兩軍激烈交戰的過程中，我的祖父多次拯救了指揮官，把指揮官從德軍包圍中救回來。」放在桌面上，是一面面燙金又燙紅的蘇聯紅星勳章，有這份淵源，你不難想像他跟俄羅斯的關係有多密切。但是二〇二二年俄羅斯入侵，他兩度遭到砲擊威脅，一次被爆炸震波衝擊，摔到一旁、撞到牆壁，導致背部受傷，「坦白講，對決應該是要發生在運動場裡，網球場、籃球場上，你應該在那裡展示你的強盛」，他認爲，如果俄羅斯希望烏克蘭人民對他產生憧憬，應該要在競技場上展現才對。

「如果還有人對俄羅斯存在幻想，那這場戰爭已經讓他們徹底幻滅。」

同樣是俄羅斯文物的收藏家，Kostogriz，有一個小小的私人收藏空間。他從小在蘇聯統治下生活，見證著烏克蘭逐漸脫離蘇聯、擺脫俄國文物，當他看到俄文路牌被拆除時，他會特別

前古巴領導人卡斯楚曾拜訪這間俄羅斯文物館，並在文物館前留下珍貴照片。

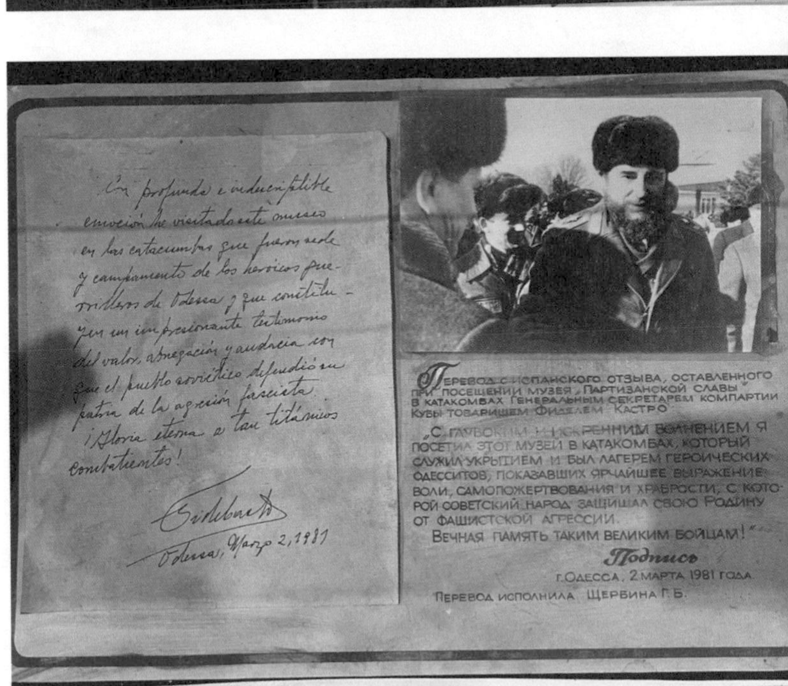

Con profunda e indescriptible emoción he visitado este museo en las catacumbas que fueron sede y campamento de los heroicos guerrilleros de Odessa y que constituyen un impresionante testimonio del valor, abnegación y audacia con que el pueblo soviético defendió su patria de la agresión fascista.
¡Gloria eterna a tan titánicos combatientes!

Odessa, Marzo 2, 1981

Перевод с испанского отзыва, оставленного при посещении музея „Партизанской славы" в катакомбах Генеральным секретарем компартии Кубы товарищем Фиделем Кастро

„С глубоким и искренним волнением я посетил этот музей в катакомбах, который служил укрытием и был лагерем героических одесситов, показавших ярчайшее выражение воли, самопожертвования и храбрости, с которой советский народ защищал свою Родину от фашистской агрессии.
Вечная память таким великим бойцам!"

Подпись
г. Одесса, 2 марта 1981 года
Перевод исполнила Щербина Г. Б.

前古巴領導人卡斯楚 1981 年造訪敖德薩的親筆信。

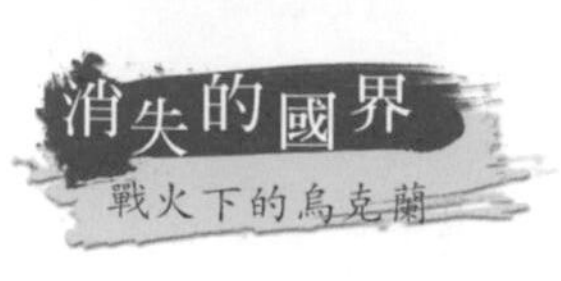

去保留下來，例如「蘇聯軍街」這種現在不可能存在的路名，就掛在他的私人空間牆壁上。整個牆面看過去，少說有幾十個。「這對我來說，是敖德薩的靈魂」，在他的想法裡面，敖德薩的過去跟俄羅斯帝國、蘇聯密不可分，語言、文化深受薰陶，也在這裡產出文豪如「普希金」等人。「如果保存過去的智慧、文化教育，這個其實是對烏克蘭有利的；烏克蘭轉向歐洲文化時，有些東西必須保留。」對他來說，戰爭會產生對俄羅斯的仇恨，但他們不需要把自己的過往「一刀切」，而是把這些當成養分，展現烏克蘭的創造力。

「我們必須要帶來共識，打造一個更強盛的『歐洲的烏克蘭』」。

在敖德薩擔任製片工作的 Victor Trosin，也有類似的想法。當時烏克蘭的反俄情緒，讓俄國文豪普希金的地位備受質疑，這邊先小小岔題，普希金被列爲「俄羅斯文學三巨人」，曾因創作反對沙皇的詩被流放南方四次，流放期間，普希金在敖德薩待了十三個月，有不少著名的文學作品，就是在這期間產出。「你怎麼能否定普希金的一切？基本上這不是普希金的錯，不是他開啓的戰端，這是普丁的錯。」

我們也看到烏克蘭用幽默風趣的方式「去俄化」。在敖德薩一個工業園區裡，原本豎立一座蘇聯國父列寧的雕像，但你現在走進去，只會看到知名電影《星際大戰》裡面的黑武士達斯維達，原來當時藝術家不想用破壞的方式處理列寧雕像，而是用藝術加工，替列寧戴頭盔、長

被「去俄化」的列寧雕像，變成《星際大戰》裡的黑武士，達斯維達。動作與原本列寧雕像一模一樣。

另一個角度看黑武士，右手原本握書卷，後來改成光劍的劍柄。

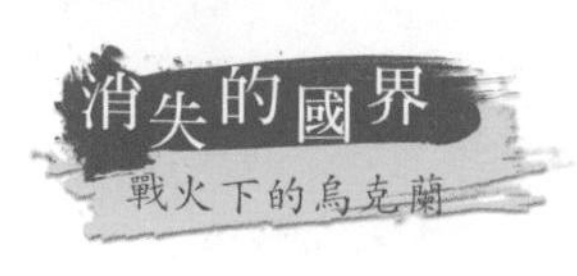

褂披風，原本右手握的書卷，變成一把光劍。讓人看了不禁莞爾。

文化層面之外，還有更深的血緣跟友情牽絆。

我們曾在波蘭，訪問從利沃夫而來的烏克蘭一家人。他們在俄羅斯也有親友，因此即便遭遇苦難，他們也很難把責任一股腦歸咎到俄羅斯人身上。「這不是俄羅斯人民的錯，這是普丁的錯，是普丁下的命令」、「是這些高層的錯，他們不管人民死活，只想要占領土地。」

但很現實的是，因爲俄羅斯媒體偏頗的報導、國家本位主義，他們的俄羅斯親友其實不理解烏克蘭處境，或是不敢對他們的遭遇表達任何意見。我們訪問對象中，有不少烏俄親人徹底決裂、不相往來，或是在俄羅斯的親人消聲匿跡，不清楚是太羞恥還是無言以對。還有一位烏克蘭女性Darya的遭遇更令人印象深刻，「開戰時，我在俄羅斯的朋友還傳簡訊跟我說，妳不用害怕，我們打擊的是『納粹份子』」、「當時我氣炸了，我對她吼說『你在說什麼鬼話（What the fuck are you talking about）？我們民宅被炸了！』」然後一連傳了好幾篇烏克蘭當地報導給這位俄羅斯友人，結果這位朋友就靜默、再也不講任何事情了。

戰爭下的食衣住行

很常有人問我「戰爭時去烏克蘭的食衣住行怎麼解決?」麥當勞之外，在烏克蘭吃東西不是什麼大問題，有些餐廳還會爆滿，想吃得先訂位排隊。我爲什麼特別提麥當勞呢?因爲開戰之後，烏克蘭全境的麥當勞都停止營業，還得出動外交部長去「交涉」，至少我們在烏克蘭期間沒有機會品嚐到「道地的」麥當勞。雖然這是國際連鎖品牌，不同國家的麥當勞，嚐起來的味道卻略有不同，大麥克的價格還能當成一個物價指標，這次沒能走進金色拱門，著實有點可惜。倒是肯德基上校很給面子，戰後沒多久就復工營業，經常讓我們工作過頭、走投無路時，還有個漢堡炸雞可以塡飽肚子。

烏克蘭的肯德基漢堡，是我第一次看到沒有麵包皮、用兩塊炸雞包菜跟起司的漢堡。

我們在烏克蘭最常吃的三種食物：沙威瑪、喬治亞餃子、KBAC。

雖然發跡於中東，但我發現在中東歐國家，沙威瑪出現的頻率滿高的。烏克蘭的沙威瑪一份要價近台幣一百元，但是份量極大，對我來說可以一餐抵兩餐，裡面夾雞肉、高麗菜、醬菜跟紅蘿蔔佐美乃滋。好不好吃因人而異，我從不叫自己饕客或什麼的，但我有吃到很好吃又很滿足的沙威瑪，也有才吃了半條就想投降、但為了不浪費食物硬是吃掉的。沙威瑪之外，他們的大亨堡也是滿常見的食物，跟台灣不同，台灣是把麵包皮切半之後夾香腸，烏克蘭跟中東歐

沙威瑪是烏克蘭最容易取得的食物之一，價格平實，方便食用。
一整盤喬治亞餃子。跟我們台灣人認知中的「餃子」長得很不一樣。（中圖）

吃喬治亞餃子的方式，是握著「手柄」倒著吃，先把裡面的湯汁喝掉，再吃掉內餡，最後吃餅皮，至於握柄的部分，會留在餐盤上不食用。

國家則是會把香酥麵包中間挖洞，直接把香腸塞進去。我個人比較愛他們的大亨堡。

我第二個常吃到的食物是「喬治亞餃子」。這邊先題外話一下，喬治亞跟烏克蘭堪稱是患難兄弟，喬治亞境內親俄分離主義的「南奧塞提亞」，二〇〇八年跟喬治亞政府發生內戰，俄羅斯藉機出兵占領喬治亞土地，這聽起來跟烏克蘭的烏東情勢非常相似，對不對？因此，在烏克蘭正式成立「國際軍團（International Legion）」之前，早就有一支外籍人士組成的正規部隊，就是「喬治亞軍團（Georgian Legion）」，由喬治亞軍人組成，後來不僅訓練外籍兵，還

烏克蘭消暑解渴的飲料 KBAC。

街邊餐車經常可以買到 KBAC 跟馬西打。

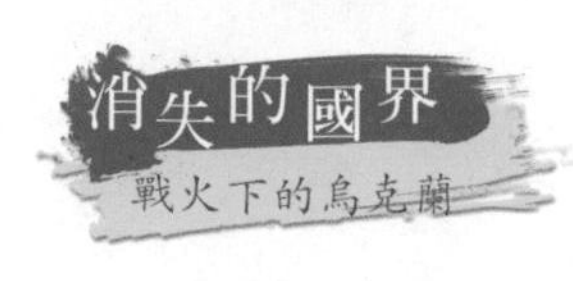

幫忙訓練在地的本土防衛隊。面對俄羅斯入侵烏克蘭，他們親上前線打俄軍，也是替自己的國家報血海深仇。

知道這段故事之後，吃起「喬治亞餃子」就特別有感了。先說結論，我覺得世界各國的餃子都比不上台灣的好吃，或許是我們很習慣有點Q彈的麵皮跟多汁的內餡，我吃波蘭乾癟癟、有時候還會放果醬的餃子，就吃得很不習慣。至於喬治亞餃子，有點類似我們小籠包的放大版本，有些比小籠包略大，也有些大到跟手掌一樣。喬治亞餃子的特色在於上部有一個「握柄」，不能吃（要吃也可以，但沒有人會這樣做），吃的時候要先握著手柄，把餃子倒過來，先咬一口、喝掉湯汁，然後再開始吃餡料，整體口感偏鹹。當時餐桌上有四個大男生，竟然無法「解決」整盤的喬治亞餃子，還得打包當成隔天的早餐，但我很確定不是我們戰力弱，而是份量眞的太大了。

我們第三個常碰的食物，叫做KBAC（可巴斯）。嚴格講起來，KBAC並不是烏克蘭的「專屬飲料」，因爲它盛行於俄羅斯、烏克蘭、波蘭跟昔日東歐國家。這款飲料是由黑麥麵包發酵而成，喝起來的口感有點類似黑麥汁、又比黑麥汁稍微酸一點，也有一點像無酒精的啤酒，總之喝起來相當爽口。雖然烏克蘭的整體溫度比台灣低一些，靠近中午時刻還是有點炎熱，看到路邊飲料車賣KBAC，我們總會停下來買一杯「沁涼一下」再繼續工作，重點是一個手搖杯大小，也不過台幣三十到四十元，整桶買起來一百塊不到，是相當「佛心」又道地的飲料。而另外一種飲品Mojito（當地念法馬西打），是蘇打水加糖、加薄荷葉片跟檸檬，也是一款很舒壓的飲品。

那到底烏克蘭人平常吃什麼？麵包。

烏克蘭不愧是歐洲的麵包籃，在家裡他們吃得很自然。我們有機會去一位朋友家作客，他們端上非常道地的家常菜給我們：主食是各種麵包，佐果醬、芥末醬、酸奶，搭配切片洋蔥、辣椒、蒜頭、肉片，因此很重視食物的原味跟新鮮程度。當天餐點當中，我最喜歡的就是烏克蘭羅宋湯。

羅宋湯是另一場「烏俄戰爭」。如同KBAC，這款湯品在烏俄都很盛行，但是聯合國教科文組織（UNESCO）把烏克蘭的羅宋湯烹飪文化，列入瀕危非物質文化遺產，原因是擔心食譜在烏克蘭戰爭期間「失傳」，聯合國教科文組織還聲稱這對烏克蘭社群來說是一個「代表希望的象徵」。想當然，這讓俄羅斯很不服氣。姑且不論這些，烏克蘭的羅宋湯眞的是我喝過最好喝的，濃郁的湯頭加上馬鈴薯、大塊牛肉，因人而異上面會加上一湯匙的酸奶油，如果不是因爲這是家常菜、準備份量有限，我肯定會一碗接一碗地喝，這也列爲我二訪烏克蘭時的必喝湯品。另外，對一位咖啡成癮者來說，烏克蘭咖啡品質如何？這完全不用擔心。連國際連鎖品牌星巴克（Starbucks）都打不進去的市場，就知道這個國家的咖啡品質有多讓人放心，街邊攤販的四十元咖啡都稱得上精品。如果有機會去烏克蘭，千萬不要客氣，能喝多少就盡情體驗。

烏克蘭賣場販售的麵包。上面還燙印了烏克蘭的國徽。

烏克蘭的家常菜，主要是麵包佐醬汁與原始食材。

但如果你在烏克蘭當地「想家」、懷念亞洲食物，我勸你放棄這個念頭。我們曾去一家日本料理店吃壽司跟拉麵，結果壽司裡面包的是起司，而拉麵的口感，我可以很篤定的說是泡麵麵條跟肉乾，小小一碗要價台幣兩百元。我不確定是不是每家東洋料理的品質都如此，但是既然到了當地，還是多多品嚐當地美食吧！

買在烏克蘭

由於此行不是去旅遊，沒有什麼「採購」行程，但有一件事情很有感，就是有信用卡，店家也不想收。這導致我美金現金全部用光，還得先向攝影大哥借支應急。

我們吃的「壽司」。中東歐的壽司總是超過我的認知，烏克蘭版本會加起司。

這是我點的「拉麵」：麵條是泡麵麵條，只有少數幾條，肉乾也是泡麵的口感。不推。

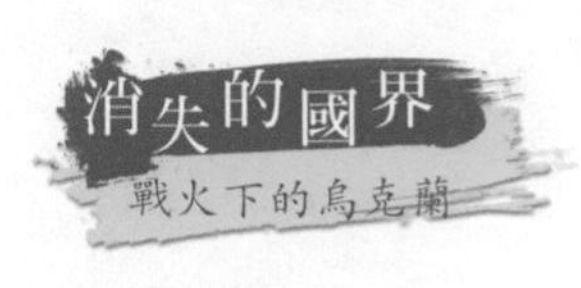

一般來說，去超市、賣場、連鎖餐廳消費，都可以用信用卡支付，但是獨立店家，原本可以收信用卡的，也會告知你「暫停刷卡」，要求以現金支付。例如我們民宿，本該可以在線上刷卡，民宿主人堅持要我們支付現金，而且是以「美金計價」。

這其實不難理解，因為當時銀行系統不穩定，很多人喜歡「擁現金為王」，而且持有美金或歐元等外幣，才是真正保值。開戰前，台幣的幣值跟烏克蘭貨幣格里夫納差不多，兌換美金都是一比二十八左右，但後來格里夫納一路貶值，我們抵達時已經跌到美金兌格里夫納是一比三十五，據說在我們離開之後跌更慘，這也是為什麼當地人覺得持有外幣現金，比較划算。

戰爭影響的另一個層面，就是通貨膨脹，因為油料短缺、運送成本上漲，物價平均上漲三成左右，如果國際「舶來品」的影響更大。說到汽油，我們出發前最擔心的事情就是加不到油跑行程，當時民眾得排隊好幾個小時，甚至在宵禁結束後就趕去加油站卡位，每輛車都還有加油總量限制。幸運的是，我們抵達時這個情況已經好轉許多，假如經過加油站，沒有看到每公升油價的數字，就代表這間加油站沒油了，我們就繼續往下一間找。多虧我們強大的 Fixer，他跟加油站說「我們載台灣來的記者」之後，我們每次加油都能不受油量總額的限制，加好加滿！但看到後方車輛車主睜大眼睛瞪著我們看，我也只能想說：「拍謝啦！」

在海外的烏克蘭人們

開戰之初，大量烏克蘭人離開家園，因為政府禁止役齡男子出國，因此多數是老弱婦孺、未成年男子與寵物們前往鄰國，他們離開，一方面是要避開戰火，另一方面是他們在國內沒有辦法發揮功能，與其留在國內，倒不如去其他國家、從海外協助烏克蘭。去烏克蘭之前，我跟《消失的國界》資深攝影張峻德先飛到波蘭，從波蘭跟烏克蘭邊境觀察人民與物資流動。

非典型難民

首先，我稱他們是「非典型難民」。我用「非典型」，因為不論從烏克蘭人民的形象、國際社會對待他們的方式，都跟我們認知中的「難民」有不小落差，與其稱之「Refugee」，我認為用「暫時離開家園的人」更適合。在我們傳統印象中，中東逃離戰亂的人民流離失所、急需外界協助，有些國家視之社會不穩定的因素，還設難民營把這些人限制移動。但烏克蘭完全不是這麼一回事。波烏邊境梅迪卡（Medyka）的「接風」規模就是最令人印象深刻的例子。

我不太好意思這樣說，但乍看之下，邊境氛圍很像一場園遊會或夜市。世界各國慈善組織、非營利團體的攤位，從關口一路綿延三百公尺到烏克蘭人民的「專屬接送車站」，有些攤位提供生活用品，從牙刷、牙膏、暖墊、衣服，到各式食物，立即可食的餅乾、乾糧、糖果、水果，

波蘭、烏克蘭邊界的梅迪卡（Medyka）關口。
大量志工在門口迎接烏克蘭人民。

拖著簡便行李離開烏克蘭的人民。後方橘色建築即為烏克蘭的出入境關口。

也有現煮、熱騰騰的烤馬鈴薯、玉米湯，不誇張，有波蘭、印度各式口味任君選擇，連寵物都有一席之地，貓糧狗糧、項圈、玩具，簡直就像一場免費放送的盛會。不過你仔細觀察，除了吉普賽裔人口比較明顯有在領取物資，眞正會拿取的烏克蘭人並不多，頂多取個一兩碗熱食果腹，因爲他們爲了過關口，排隊最短得等上四個小時。而在門口迎接的志工，有的唱歌，有的

波蘭、烏克蘭邊境海烏姆（Chelm）。沿路擺放一堆民生物資、各國民眾捐贈的絨毛娃娃等讓烏克蘭民眾拿取。

開直播，這種「迎接排場」哪像迎接「難民」？

跨越邊境的波蘭人，常有「接駁巴士」或熱心志工接送他們進入市區或下一個目的地。

提供給烏克蘭人的免費熱食、咖啡、甜甜圈。（中圖）

再者，世界各國都沒有針對烏克蘭設立「難民營」，只有人道中心，相對的，烏克蘭人無法在同一個地點久留，他們必須找到自己的「目的地」。舉例來說，波蘭華沙最大的展覽館，臨時改造成可以接收上萬人的「人道中心」，設有行軍床、盥洗室、物資站，目的是讓長途跋涉的烏克蘭人能稍微休息，思考自己的下一站。人道中心也稱爲「歐洲巴士總站」，每天都有免費開往歐洲各國的巴士，通常往德國、法國的乘客最多，有時還會引發推擠搶票，就因爲這些國家的工作機會較多、生活品質更好。

烏克蘭人自尊心很重，他們不想被視爲「難民」，更重要的是，他們其實自己有能力，無需仰賴他人。同樣在梅

位於波蘭華沙的人道中心，設有行軍床讓烏克蘭人民稍事補給、休息。

人道中心又稱「歐洲巴士總站」，每天都有開往各國的巴士。

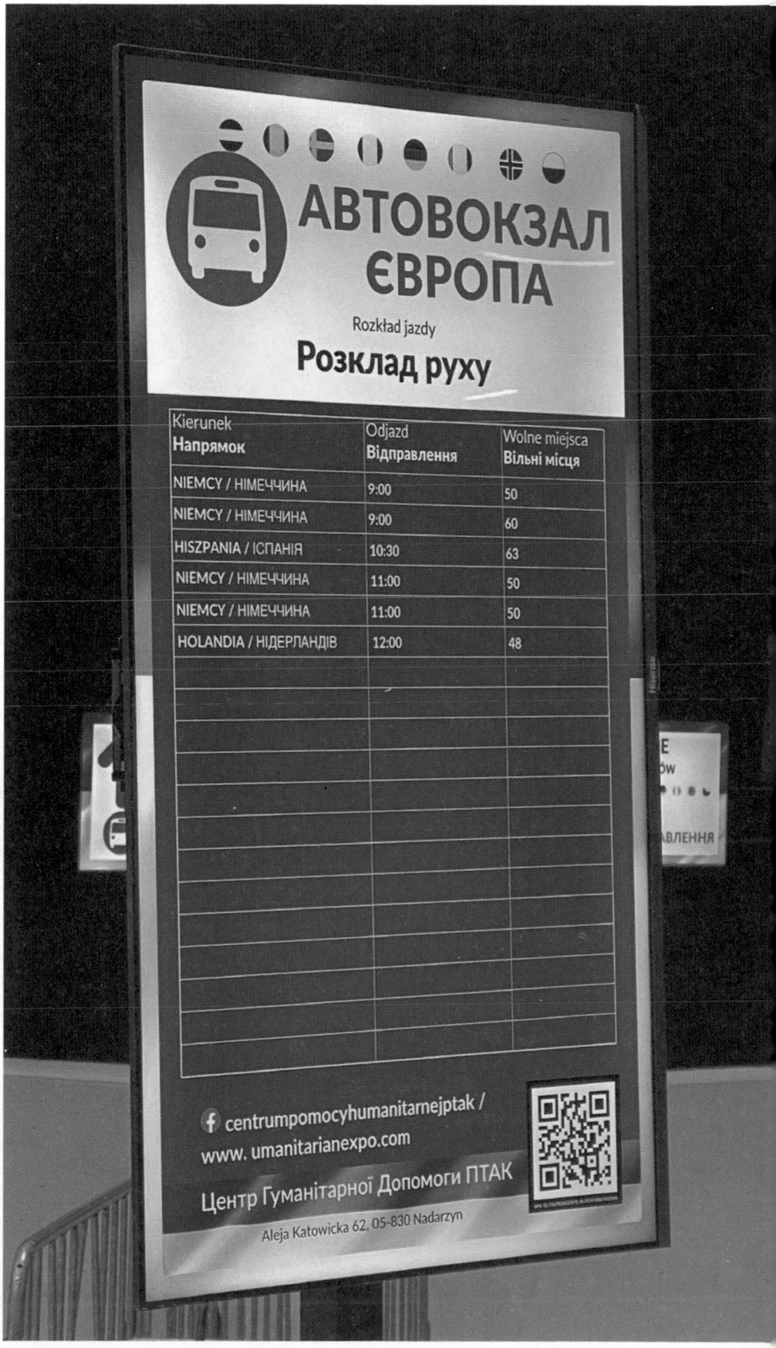

迪卡的停車場，我就看到一位濃妝豔抹、宛如芭比娃娃真人版的女子，全身光鮮亮麗、穿著名牌上衣、嗑著洋芋片，完全看不出來她是一位醫生，早在離開烏克蘭之前，她已經找到西班牙醫院的工作，因此對她來說離開烏克蘭並不是「逃難」，而是出國度過短期假期。類似這位女子的人很多，在波蘭各個觀光景點，幾乎都看得到掛UA（烏克蘭）的高檔名車，而且只要看到穿著過膝大衣、用「墊腳背」姿勢拍照的大多數都是烏克蘭人。對許多人來說，他們並不認爲自己的國家會滅亡，有天還是會回去，這跟中東難民的處境，也非常不一樣。

波蘭地標、科學文化宮外的聲援烏克蘭海報。當時整個歐洲挺烏態勢明顯，波蘭尤其不遺餘力地協助烏克蘭逃難人民。

在城市各個角落，都可以看到支持烏克蘭的創作。

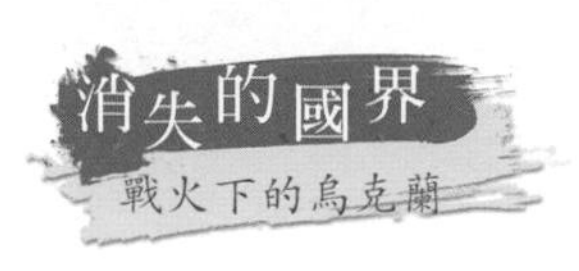

「我不想被稱爲難民」、「我想要自立更生」。

有一個晚上，我們拜訪一位寄宿在波蘭民家的婦女，她跟母親、小孩，一起逃離戰火，她的先生與父親，都留在國內打仗。我們只能晚上去拜訪，是因爲她在波蘭找到一個短期工作，白天必須上班。其實她在烏克蘭時，是一位基輔市政府的員工，生活待遇不差，但這項技能在波蘭可以說是無用武之地，因此她找了一份療養院看護工的工作，想當然，工作時間長、超過八個小時，要不停地協助年長者翻身、淨身，跟原本坐在電腦桌前的工作比起來，無疑是一份苦力活，但她毫不猶豫地接下來了，因爲在波蘭期間，她還要養育才幼稚園的兒子，但她一點也不想靠人家過活。「我們想要有獨立生存的能力，自己賺錢、自己買必要的東西，不假手他人」，她的母親手上一邊編織保暖圍巾，一邊堅定的跟我說。她的母親在國內是一位資深護士，所幸波蘭對於護士的需求度高，因此她很快就找到醫院工作，唯一辛苦的就是必須趕快學習波蘭文。同屬於東斯拉夫語系，據說要在兩種語言之間轉換很快速，即使完全不會波蘭文，烏克蘭人也能夠聽得出大意。

讓他們最難熬的，應該是克制對另一半的思念。基於戰場保密，他們不能跟丈夫通電話，連傳簡訊，都不能洩露任何時間、地點、戰況，因此她能用文字告訴先生在波蘭的情況，對方卻只能傳「符號」報平安。例如「+」這個符號，就代表「一切都好（Positive）」，如果不好，

華沙車站。烏克蘭人民有免費車票可以搭乘，
當地志工正協助他們前往下一個目的地。

烏克蘭駐華沙大使館前，堆滿民眾聲援的鮮花、海報。

波蘭家長帶小孩到大使館前舉牌聲援。

採訪團隊與烏克蘭籍翻譯 Darya。

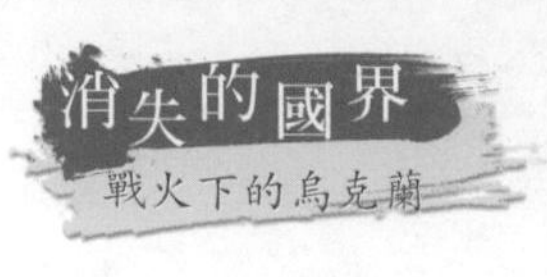

也不會傳「－(Negative)」，就是得等上好幾天，這種心理煎熬，完全能夠想像。「我希望讓我先生知道，我們過得很好，不用擔心，」講到這裡，我眼前這位女強人潸然淚下，「我想讓他知道，我們很愛他，也迫不及待想要跟他團聚。」其實我心底覺得非常抱歉，畢竟我們做新聞並不是想挖她心底的痛，但是接待他們的波蘭屋主告訴我說，「她們在外人面前都裝得非常堅強，但其實每個晚上都在哭。哭出來並不是壞事，這讓她們的情緒得以宣洩，也可以稱為一種治療。」

「在波蘭，我可以做得更多」

一，年輕的廚師

我們在波蘭邊境遇到一位年輕的廚師，早在戰爭前他就移居波蘭，跟太太、荷蘭籍合夥人，在華沙與克拉克夫(Krakow)開了兩間日式拉麵店，光這個組合就讓人覺得有趣。當俄羅斯第一枚砲彈擊中烏克蘭，他立刻思索該扮演的角色。「我們本來不相信開戰了，幾經確認之後，我馬上開始思考自己能做什麼。既然我們是廚師，那我們就去煮飯給同胞吧！」他與合夥人聯繫跨國人道組織「世界廚房(World Kitchen，以現煮食物救助難民的機構)」，詢問哪裡有需要、如何合作，然後馬上開著餐車前往邊境。考量速度與方便性，他們沒有提供拉麵而是每天準備上千份烤三明治，讓每一位剛穿越邊境，或在人道中心靜待下一站的烏克蘭人，二十四小時都不會餓著。「有許多人抵達的時候，又冷又累，不知道該怎麼做，而我們溫暖的食物，等同是一種溫暖的歡迎（Warm welcome）」，他風趣的合夥人，還會用一點玩笑話來降低民眾的戒心「我跟他們說，這些餐點都免費，其實在波蘭什麼東西都免費喔！他們當然知道這是開玩笑，但是心情就會放鬆不少。」

二，電話接線生

一群長年旅居波蘭的烏克蘭女生，他們用另一個方法協助同胞，就是成立「急難救助專線」解決鄉親問題。在波蘭主要電信公司的善意下，他們的辦公室就位於這間電信總部的一樓。人員總數不多，加上負責人頂多十幾位，每天輪兩班接聽電話。當我在跟負責人訪談時，她手邊的電話響個不停，而每一位接線生，頭上戴著耳機麥克風，也是一通接著一通回應。

在這個空間裡面，每一位負責不同領域，有的負責法律諮詢，例如居留問題、離開烏克蘭時來不及準備的法律文件詢問；有的負責住房問題，幫忙媒合有提供住家空間的波蘭家庭，或幫他們接洽租房機構（我們在波蘭時，絕大多數飯店都客滿，當時疫情雖然減緩但還沒有大規模觀光，後來才知道是許多波蘭人租下飯店客房，提供烏克蘭人住宿，或烏克蘭人直接訂了長期住宿）；更重要的是提供「工作媒合」。「他們並不想被視為難民，因此很多人來詢問工作機會」負責人解釋。

三，一夜長大的青年

在一個接收烏克蘭人民的波蘭民家中，我遇到才十六歲的男孩子。在台灣，一名十六歲的孩子還在過快樂的高中、高職生活，但這位青年的身份，從一名人子、一名學生，「一夜長大」。由於還不到服役年齡，他帶著女朋友、女友的三個年幼妹妹，逃離烏克蘭西部大城利沃夫，進入波蘭之後，他們無依無靠，他扛起照顧這些人的重擔，找尋聯絡對口、找尋有提供住宿的波蘭人家，並且自己去租了車，從波蘭邊界開車把所有人送到華沙近郊的住宿地點。我不禁試想，如果換作發生在台灣，面臨這麼重大的災難時，一名十六歲的青年有沒有照顧自己的能力？更不用說，有沒有照顧身邊親友的能力？但就因爲他的付出，讓自己的父母、女友的家人，都能放心地留在烏克蘭打仗，沒有後顧之憂。

四，急著返鄉的青年

有些人在波蘭或外地，出錢出力救助國家，也有些人逆向而行，返回家鄉參戰。我們從波蘭南部交通節點「普熱梅希爾」搭車前往梅迪卡時，就在火車上遇到一位熱血青年。他的年紀大約二十出頭，一開口就滿腔熱血「我們國家發生這麼大的事，我沒辦法坐視不管，已經到了廢寢忘食的地步」，從未受過軍事訓練的他，在波蘭的私人軍事訓練機構，進行兩週射擊與戰

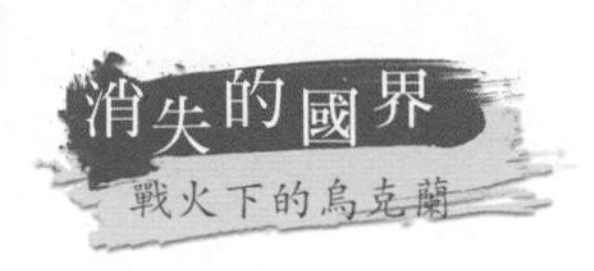

術動作訓練，時間並不長，但他不打算再繼續受訓，他想要趕快加入戰場。我問他「難道你不會怕嗎？」他從口袋掏出一本迷彩封面的聖經，告訴我他當然會怕，但這本聖經是一位參戰的捷克男子送給他的，這位男子的小隊在戰場上差點被殲滅，只有他獨自活著回來，就把這本聖經當作幸運物送給他。列車到站時，他迫不及待的扛行李下車，然後搭上接駁車前往邊境去了。我不知道他後來的際遇，但總希望他的愛國心，以及放在左胸、心臟前的那本聖經，能夠守護他的安全。

其實我在邊境，也看到許多人民，扛著行李「逆向」走往關口。他們認爲，與其寄人籬下，還不如返回家鄉，男子如此，年輕女子也是如此，我問他們說，知道現在返鄉等同返回戰區吧？他們的回答很堅定：「我的家人還留在基輔，我就要與我的家人待在一起。」

五，在台灣的烏克蘭青年

世界各地的烏克蘭人，都在用自己的方式救援同胞，在台灣也有幾位知名的烏克蘭人，包含電視上經常看得到的林歐莉亞、申武松（Oleksandr Shyn），前者頻頻透過募款、發揮兩地人脈力量，支援防彈背心、醫療床，馳援當地。申武松則舉辦各種烏克蘭活動，創辦《烏克蘭之聲》，介紹烏克蘭文化、闡述烏克蘭的情況，拉近雙邊距離。如果讀者朋友有興趣，可以在臉書上追蹤閱讀。

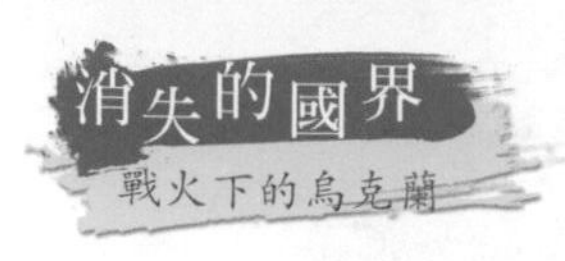

拒絕「俄勢力」崛起

比烏克蘭、波蘭更早之前，我去了一趟波羅的海三國，立陶宛、拉脫維亞跟愛沙尼亞採訪，這幾個國家給我的綜合感受，就是這些昔日蘇聯衛星國家，都擔心俄國勢力再度崛起。俄國正式入侵前，立陶宛國會議員 Zygimantas Pavilionis 就有強烈的危機意識，警告「如果俄羅斯入侵烏克蘭，下一個就是立陶宛！」波蘭國際事務協會俄羅斯專家 Agnieszka Legucka 也認爲俄羅斯擴張的野心不會僅止於烏克蘭，波蘭勢必會成爲下一個目標，因爲普丁想要重拾俄羅斯帝國的「榮景」。這些憂慮感，讓波羅的海三國、波蘭、斯洛伐克等中東歐國家，比西方國家如德國、法國，對待俄羅斯的態度更爲強硬、支援烏克蘭更不遺餘力。

而且這些反對俄國勢力崛起的焦慮，在波蘭形成一種由下而上的救援行動。

一名波蘭屋主 Jan Ebert 回憶，「戰爭爆發的時候，我坐在車上，聽著收音機。或許有那麼一刻，我們全國都靜止了，幾乎所有人都在思考，俄羅斯的下一步是什麼？會入侵波蘭嗎？」沒有政府動員下令，波蘭人民自發性張貼救難訊息、設立 Google 即時互動地圖，顯示哪裡有空房、物資、工作等等，讓烏克蘭人各取所需。如果有接待難民的家庭缺家具或家電，不管床架還是洗衣機，網路上喊一聲，幾乎馬上都會有人響應。這場戰爭讓平時只有點頭之交的鄰居，突然「萬眾一心」，以社區爲單位，以點、線、面的方式組構全國救援網路，速度比政府更

快、更有效率。有一位女屋主回憶，她的私家車在救援過程中拋錨，被鄰居知道後，竟然主動把 BMW 轎車借給她，還說不用急著還，她說「我太驚訝了！我死都不會把我的車借出去！」這個舉動，看得出當時社會「挺烏」的濃厚氛圍。

有趣的是，有兩位台灣人在波蘭的救助圈中相當活躍，一位是我們的地陪 Nick，一位是蘇菲大媽。Nick 波蘭語非常流利，連當地人都讚不絕口，因此能很順暢的把台灣捐助單位與波蘭救助單位接上線，或者接收台灣物資，或者接受台灣友人的捐款去補給物資，當時我們能夠直擊波蘭跟烏克蘭物資補給過程，Nick 功不可沒。蘇菲也非常活躍，直到截稿時，她都還在協助烏克蘭人設立住宿站、募資購買烏克蘭戰場前線需要的裝備物資。我相信不只他們兩位在努力，還有很多默默奉獻的人，不管是因爲危機感、還是因爲其他因素，正透過不同管道表達對烏克蘭的支持。

那些烏克蘭教我的事

終於來到本書的尾聲。我想，我在烏克蘭的時間還不夠長，勢必有更多經驗豐富的前輩，能提供比我更專業、更深入的觀點。但是從我的觀察跟經驗，我還是想要分享跟歸納「烏克蘭教我的事」。

一，絕對不要相信獨裁者或獨裁政府

如本書開宗明義所述，大部分烏克蘭人都不相信俄羅斯會眞的開戰，有些人認爲俄國只是在秀肌肉，有些人「憑常理判斷」俄軍不會打，而我們仰賴軍事判斷的人，也考量天氣、後勤跟國際整體氛圍，都認爲引爆戰火的可能性微乎其微。但我們都忽略了像俄國這種權力高度集中的國家，最後決策是在最上位者的「一念之間」，也就是當普丁想打，他就眞的會打。不論後來普丁講了幾次「已經達成特別軍事行動的目標」、不論俄軍死傷有多慘重，到後期還得仰賴伊朗的無人機、北韓的軍火支援，普丁不收手就是不收手。

回頭看看台海局勢。在中國二十大之後，中國國家領導人習近平打破過往十年任期的慣例，開始他的第三任期，而新一屆中央委員名單「習家軍」大獲全勝，象徵中國進入習近平一人獨大的時代。他「堅決反對和遏制台獨」的信念被寫入黨綱，在在顯示出要不要對台動武、何時

對台動武的評估，勢必落在習近平的「一念之間」。我們經常看到學者或分析師在評估中國武力犯台時機，我只能說，看看烏克蘭的例子，當人命不比領導者的野心重要時，我們眞的不能太樂觀中國會「等」到什麼時候才開戰。我們只能窮極一切努力，讓兩岸不要從冷戰、暖戰走向熱戰。

二，絕對不能習慣威脅

俄羅斯自二〇一四年併呑克里米亞後，扶植烏東分離主義跟烏克蘭打了八年戰爭；二〇二二年在烏俄邊界演習留下大量軍火，替入侵烏克蘭留下伏筆。烏克蘭人曾跟我分享，「這些回頭看起來如此明顯的開戰跡象，爲什麼我們都沒發現？」其中一個原因，就是太習慣俄國的文攻武嚇，殊不知「狼來了」總有一天會成眞。

我們俗話說「溫水煮青蛙」，而我總認爲台灣就是那隻躺在熱水中半熟的青蛙，我們自己卻毫無知覺。過去中國解放軍的活動範圍，只在我國防空識別區（ADIZ）的西南角，這幾年逐漸往我東部海域延伸、製造多次「共軍機艦繞台」；如果這點還沒有讓讀者警覺的話，舉個最近期的案例，在美國眾議院議長裴洛西來台前，共軍鮮少越過海峽中線，但裴洛西訪台後，共機越線已經變成常態，嚴重壓縮我方空軍的反應時間。當大部分民眾對國防部每天發布的「台海周邊空域空情動態」無感時，我們的中線正逐漸被侵蝕，而台灣原本戰力保存所仰賴的後山花蓮，也被中國逐漸成熟的航空母艦打擊群包圍，更不用說美國等外國援軍，將無法觸及台灣。這就是爲什麼我說台灣跟烏克蘭的局勢並不完全相同，圍繞台灣的海域對我們是一種屏障，但被共軍包圍下就成了一種阻隔，屆時台灣想打持久戰、等外國援軍，就完全得「靠自己了」。在兩岸軍力持續失衡下，對於台海現狀的改變，民眾絕對不能太習慣共軍的威脅。

三，每一個人都有責任

我在本書用了很大的篇幅，描述戰爭下從國家、企業到個人所能扮演的角色，以及在國內跟國外時，個人又能做些什麼。「上戰場」不是唯一選擇，發揮個人擅長的工作，也能讓戰力極大化，但我必須強調，如果不上戰場、拿槍保衛國家，每個人就必須找到能協助國家戰勝的責任分工，從網軍、創造輿論、物流、人道救助、維護社會秩序、穩定物資供給、募資等等，都是極重要的事。

另外，每個人都要培養危機意識、保防意識跟避難規劃。舉例來說，面對共軍對台軍演時，許多媒體跑去拍攝軍港、軍用機場內部，報導我方備戰動態，這就讓我非常憂心，畢竟備戰與「展演式」的漢光演習或春節戰備巡弋性質大不相同，把我方機艦動態「全都錄」，等同讓解放軍不花費一兵一卒、一毛錢，就能掌握國軍動向。民眾也務必收起「打卡魂」，不要看到什麼軍事裝備就上傳網路，承平時期大家沒感覺，但戰爭時就是生與死、被炸或不被炸的差別。

現在越來越多民間單位舉辦全民國防課程，教導民眾在戰爭時如何自救、如何救人，有基本的醫療知識。有許多單位可以參考，我也推薦讀者去獲取新知。

四，創造國際支援能量

我經常跟大家分享一句話，「你現在對烏克蘭的感覺，就是未來台海爆發戰爭，世界各國對台灣的感覺。」說實在的，一場戰役打久了，世界各國聲援的力道也會疲乏，然而像烏克蘭與周邊國家還有土地接壤、軍備物資能源源不絕地「輸血」，當台灣陷入持久戰時，我們會缺乏這條「輸血」管道，因此，創造國際支援的話題與能量非常重要。

烏克蘭有一個優勢，就是他們有一位非常會講話的總統。澤倫斯基每一次對各國國會、國際組織演講的講稿都完全不同，都能切中該國歷史背景、取得共鳴，創造一次又一次的話題。即便如此，當我第二次拜訪波蘭時，就發現原本街頭隨處可見、聲援烏克蘭的標語都拆光，連「挺烏悍將」波蘭都如此，西方國家更是如此。當台海爆發衝突時，台灣能不能持續引起話題、爭取國際社會支持？我們個人能不能用流利的各國語言，向世界各國發聲？我認爲是我們該思考、且應該準備的課題。

我們經常聽到一句話「今日烏克蘭、明日台灣」，烏克蘭這一戰的確有太多值得台灣借鏡跟學習的地方，我們採訪團隊的觀察只是其中一部分，讀者很容易在網路上搜尋到其他國內外優秀的報導作品，以及從戰場前線歸來的心得分享。我強烈建議讀者多方閱讀跟參考，建構自己的危機意識與處置方式，畢竟有備無患，更重要的是，不要讓台灣成爲下一個烏克蘭。

後記與謝詞

要完成烏克蘭採訪、寫完這本書，我要向很多人致謝。

我首先要向神致上感謝，保守我們採訪團隊的平安，從事前聯繫規劃、找到合適的Fixer；在烏克蘭採訪期間沒有被飛彈砸中、沒有做出令自己後悔的判斷，盡可能採訪到各種主題、做各種觀察，更重要的是讓我們順利出國、毫髮無傷地返回國內。

我要謝謝三立電視的支持。沒有高明慧總經理、新聞部副總白舒樺承擔風險，讓記者去戰地採訪，我們就無法帶回「從台灣人角度」報導的烏克蘭戰爭。我要感謝新聞部總監陸琲琲、《消失的國界》製作人汪倩如，在我開稿時給我很多取材方向跟建議，我們才能用更多元的角度去剖析這場戰爭，以及對台灣的啓示。謝謝我們節目專業的主持人李文儀，以及強大的後製團隊，是大家的共同努力，才成就了這系列作品。

謝謝跟我一起「苦行」的攝影劉伯奇先生，出這一趟差不僅路途遙遠、未知的風險多，拍攝過程頻頻受到限制，但即便在如此受限的環境下，還是拍出讓人驚豔的影像、用畫面訴說最好的故事。我也要謝謝跟我一起去波蘭出差的攝影張峻德先生，在急促的工作環境下，傳回無數珍貴畫面與連線，第一手記錄波蘭如何援助烏克蘭。

前往戰地採訪，一直是我很大的心願。從烏克蘭回來之後，我發現我的心還留在當地，我想要繼續關注這片土地，如同希望世界重視台海安全。我把「烏克蘭教我的事」盡可能地與閱聽眾分享、提升台灣危機意識，當成一種使命感。因此也要謝謝時報出版對我們的採訪經驗有興趣、對我的筆觸有信心。也謝謝看到此處的讀者，希望書本裡面的故事，能對您有一點點幫助跟啓發。

最後，謝謝所有勇敢的烏克蘭人民，我們的 Fixer、所有在採訪中協助我們的貴人。願榮光歸於烏克蘭，願和平早日來臨。Слава Україні!

附註

一，《消失的國界》：烏克蘭前線　基輔．敖德薩雙城保衛戰

二，《消失的國界》：戰爭的啓示 Part1&2

三，《消失的國界》：火線直擊．波烏邊境

敖德薩街頭電車。

敖德薩街頭電車。

採訪團隊與烏克蘭台灣隊成員 Bohdan、當地駕駛合影。

筆者本人，左手臂上的臂章為烏克蘭國旗國徽、記者臂章。

採訪團隊與台灣隊、赴基輔參戰台灣人老莊合影。

採訪團隊與台灣隊、赴基輔參戰台灣人老莊合影。

VIEW 124

消失的國界：戰火下的烏克蘭

作　者——相振為、三立電視
攝　影——劉伯奇
主　編——李國祥
企　畫——吳美瑤
編輯總監——蘇清霖
董事長——趙政岷
出版者——時報文化出版企業股份有限公司
108019臺北市和平西路三段二四〇號三樓
發行專線——（〇二）二三〇六—六八四二
讀者服務專線——〇八〇〇—二三一—七〇五
（〇二）二三〇四—七一〇三
讀者服務傳真——（〇二）二三〇四—六八五八
郵撥——一九三四四七二四時報文化出版公司
信箱——一〇八九九臺北華江橋郵局第九九信箱
時報悅讀網——http://www.readingtimes.com.tw
電子郵箱——genre@readingtimes.com.tw
法律顧問——理律法律事務所　陳長文律師、李念祖律師
印　刷——華展印刷有限公司
初版一刷——二〇二三年一月六日
定價——新臺幣四五〇元

時報文化出版公司成立於一九七五年，
並於一九九九年股票上櫃公開發行，於二〇〇八年脫離中時集團非屬旺中，
以「尊重智慧與創意的文化事業」為信念。

消失的國界：戰火下的烏克蘭 / 相振為, 三立電視著. -- 初版. --
臺北市：時報文化出版企業股份有限公司, 2022.12

面；　公分. -- (View；124)

ISBN 978-626-353-321-9(平裝)

1.CST: 戰爭 2.CST: 報導文學 3.CST: 烏克蘭

542.2　　　111020775

ISBN 978-626-353-321-9
Printed in Taiwan